Ökoethinvesting

Geld ökologisch-nachhaltig und ethisch-sozial anlegen und
intelligent investieren: Profitiere vom Megatrend
Nachhaltigkeit und faire Geldanlage
(ganz ohne Verzicht auf Rendite!)

von Christopher Klein
Alle Rechte vorbehalten.

Widmung

Gewidmet allen Menschen,
die von den Folgen ungebremsten Konsums,
des Klimawandels und der Ausbeutung der Natur leiden,
politisch verfolgt werden oder sich in
schwierigen ökonomischen Situationen befinden.

Gewidmet allen Menschen,
die diesen Zustand durch die Übernahme von Verantwortung
für diese Situation selbst verändern wollen,
statt mit dem Finger zu zeigen.

Danksagung

Dieses Buch ist nicht ohne Hilfe entstanden.

Zunächst möchte ich mich bei etlichen Vorreitern bedanken,
die dieses Thema auf die ein oder andere Weise aufgegriffen
und mir somit die Orientierung erleichtert haben.

Darüber hinaus möchte ich mich bei allen Menschen bedanken,
die mich während des Recherche- und Schreibprozesses, dem Lektorat
und Korrektorat oder als Testleser unterstützt haben.

Ich möchte auch all jene nicht vergessen,
die später kräftig die Werbetrommel für mich
und dieses Buch gerührt haben.

Ohne Euch, wäre es nicht halb so gut geworden
und nicht annähernd so erfolgreich.

Vielen Dank für Eure treue Unterstützung!

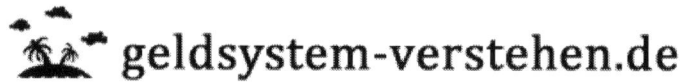 **geldsystem-verstehen.de**

Trage Dich für unsere kostenlosen Finanz-Updates ein
und nimm Deine Finanzen in die eigenen Hände!

Wir schicken Dir ca. einmal pro Woche wichtige Infos und Tipps.
Beispielsweise, wie Du passives Einkommen und Vermögen aufbaust,
nachhaltig investierst oder Unternehmer wirst.

Außerdem warten etliche kostenlose Produkte und Aktionen auf Dich:
#1 Erhalte unsere neuen Bücher zum Druckkostenpreis
#2 Erhalte Finanzkurse als Abonnent mit Sonderrabatt
#3 Praktische Downloads kostenlos, z. B.:
=> Persönliche Finanzplanung in 5 Schritten (PDF)
=> Haushaltsbuch (Excel-App)
=> Vergleich der besten Depotanbieter (PDF-Report)
=> 41 Wege, passives Einkommen zu generieren (PDF)

Tage Dich einfach ein, unter:
www.geldsystem-verstehen.de/finanziell-frei-werden

Trage Dich jetzt auf Indie-Bücher.de ein und erhalte regelmäßig Buch-
angebote zum Aktionspreis! Abonnenten erhalten E-Books in der Woche der Veröffentlichung für nur 0,99€ und Taschenbücher sogar zum
Druckkostenpreis (versandkostenfrei)!

Zusätzlich erhältst Du direkt nach der Eintragung einen Link, über den
Du exklusives Bonusmaterial zu diesem Buch herunterladen kannst.
100% kostenlos!

Sichere Dir jetzt unter www.indie-bücher.de/buchaktionen/ wertvolle
Boni, exklusive Angebote und Megarabatte!

Bibliografische Information der Deutschen Nationalbibliothek
Die Deutsche Nationalbibliothek verzeichnet diese Publikation in der Deutschen Nationalbibliografie; detaillierte Daten sind im Internet abrufbar über: > http://dnb.dnb.de <

Für Fragen und Anregungen:
chris@indie-bücher.de

Ökoethinvesting
1. Auflage, August 2018
© by GbR: Christopher Klein & Jens Helbig
ein Imprint der GbR: Christopher Klein & Jens Helbig
Kirschgartenstr. 13
90419 Nürnberg

Für gewerbliche Dienste
GbR: Christopher Klein & Jens Helbig
Hortensienstr. 26
40474 Düsseldorf

Buchsatz: Christopher Klein
Lektorat & Korrektorat: Carola und Friedhelm Klein, Matthias Klarl
Cover und Illustration: Stefan Valerio Meister → www.stefanvaleriomeister.de/

ISBN-13: 978-3-947061-30-3

Weitere Informationen findest Du unter
https://www.amazon.de/-/e/B00LPWD4VY (Shop)
Besuche auch gerne unseren Finanzblog unter www.geldsystem-verstehen.de

Inhaltsverzeichnis

7

Zwei Fliegen mit einer Klappe

„Die menschliche Natur gleicht einem Wasserstrudel.
Öffnet man ihm einen Ausweg nach Osten, so fließt
das Wasser ostwärts; öffnet man
ihm einen Weg nach Westen,
so fließt es westwärts."
~ Mengzi

Noch vor wenigen Jahren dachte ich, dass unsere Wirtschaftsordnung voll darauf ausgerichtet ist, uns zu modernen „Geldsklaven" zu machen und in einem ungerechten System festzuhalten. Du und ich, sollen das System als fleißige Hamster am Laufen halten, damit sich einige Wenige daran bereichern können. Warum sonst besitzt 1 Prozent der Weltbevölkerung weit mehr als die Hälfte des weltweit vorhandenen Vermögens, ohne dass wir es überhaupt mitbekommen? Wie kann es sein, dass die reichsten 10 Prozent der Bevölkerung sogar nahezu allen Wohlstand besitzen und dem Rest nichts, oder nur eine Last aus Schulden bleibt? Es muss Geld sein, das unmöglich selbst verdient worden sein kann, sondern sich vielmehr durch die Möglichkeiten, die das System bietet, zu immer größeren Reichtümern ansammelt.

Diese Ungerechtigkeit versuchte ich jahrelang zu bekämpfen. Doch wie Don Quijote kommt man gegen die Windmühlen (Lobby und Macht) dieses Systems kaum an. Als pragmatisch denkender Mensch kam ich zu dem Schluss, dieses Missverhältnis zwar umkehren zu wollen – aber subtiler. Heute weiß ich, dass die praktikabelste Lösung darin liegt, meine Leser darin zu bestärken, sich derselben Methoden, Strategien und Werkzeuge zu bedienen, wie dies die Superreichen tun. Das scheint mir nach wie vor die einzig wirklich realistische Lösung, diese immer schneller zunehmende Ungleichverteilung abzubremsen und die Menschen in die Eigenverantwortlichkeit für ihre Finanzen zurückzuholen.

Vor allem jene, die mit diesem Geld wirklich sinnvolles tun möchten. Vermögen aufzubauen, um damit später (sinnlose) Konsumwünsche zu befriedigen, ist nicht das Ziel dieses Buches.

Ich bin der festen Überzeugung, dass wir uns der Verantwortung für unsere aktuelle Situation stellen müssen. Sonst werden wir uns, durch den vermeintlichen Fortschritt, den wir schaffen, am Ende durch ökologische und soziale Probleme selbst zerstören. Uns bleibt in meinen Augen gar keine andere Wahl, als intelligent und strategisch mit Nach- und Übersicht im Hinblick auf die ökologischen und ethisch-sozialen Fragestellungen, vorzugehen. Hierfür spielen nachhaltige Geldanlagen eine immer wichtigere Rolle.

In diesem Buch zeige ich Dir, wie ich mein Geld auf nachsichtige und vertretbare Art und Weise investiere und vermehre. Heute ist es nämlich gar nicht mehr schwer, ökologische oder soziale Geldanlagen mit Renditen und nachhaltigem, positivem Einfluss zu verbinden. Statt einem „Entweder-Oder", rückt die Kombination von finanzieller Rendite und Nachhaltigkeit (ideelle Rendite) immer mehr in den Fokus! Für mich funktioniert dieser Weg ausgezeichnet und wenn Du willst, kannst auch Du ihn einschlagen. Es gibt natürlich keine Renditegarantie und die Geschichte hat gezeigt, dass regelmäßige Finanzkrisen vielmehr die Regel als die Ausnahme sind. Stelle Dich also schon mal auf zeitweilige Verluste ein. Solange Du aber ein Investortyp bist, der, so wie ich, Krisen knallhart aussitzt und einen langfristigen Anlagehorizont verfolgt, stehen die Chancen gut, am Ende auf der Seite der Gewinner zu stehen – und das nicht nur in finanzieller Hinsicht.

Mit der Investition in nachhaltige Finanzanlagen können wir zwei Fliegen mit einer Klappe schlagen. Ökologische und/oder ethisch-soziale Einflussnahme und monetäre Rendite.

Wir müssen unser Geld heute nicht mehr in menschenfeindliche Industrien wie Waffen, Rüstung oder Kernenergie stecken, um uns über attraktive Renditen freuen zu können. Im ökologisch-nachhaltigen und ethisch-sozialen Anlagesektor ließen sich im letzten Jahrzehnt erstaunliche Entwicklungen beobachten. Das belegt auch der jährliche Marktbericht des FNG (Forum nachhaltige Geldanlagen). Demzufolge stieg die Nachfrage nach nachhaltigen Finanzanlagen in Deutschland um 15 Prozent, in Österreich um 24 Prozent und in der Schweiz sogar um beeindruckende 39 Prozent. Es zeichnet sich ein Megatrend ab, der nachhaltige Finanzanlagen salonfähig macht. Eine ökologisch und ethisch vertretbare Alternative zu konventionellen Anlageprodukten. Schließlich bestätigte Prof. Christian Klein (Uni Kassel) schon 2014, im Rahmen einer Meta-Studie, dass die Rendite nachhaltiger Fonds mindestens genauso hoch sei wie die konventioneller Fonds. Im Rahmen meiner Recherchen und Analysen kam ich zum selben Schluss.

Was dieses Buch nicht ist?
Bevor wir eintauchen, möchte ich bei einem sensiblen Thema noch anmerken – ich bin Pragmatiker! Das heißt, ich suche nach realistischen, umsetzbaren Lösungen für die Praxis. Das erscheint mir gerade in Anbetracht extremer Denk- und Sichtweisen in Bezug auf Nachhaltigkeit sehr wichtig. Mir ist völlig klar, dass meine Strategie nicht der allheilig machende Weg ist und sich nicht für jeden Leser eignet. Darauf hinzuweisen ist mir wichtig, schließlich sollst Du kein „Finanzroboter" werden. Statt Vorschläge, Strategien und Methoden blind zu übernehmen, möchte ich Dich darin bestärken, Deinen ganz eigenen Weg zu gehen. Ein Weg, der für Dich und Deine Moralvorstellungen perfekt ist. Hierfür findest Du, am Ende des Buches, Quellen und weiterführende Literaturtipps. Ökologisch-nachhaltig und ethisch-sozial zu investieren ist schließlich stark von persönlichen Präferenzen abhängig. Diese sind höchst subjektiv und von Person zu Person verschieden. Den für sich passenden, individuellen Weg zu finden, das ist dabei die größte Herausforderung.

Wie alle meine Bücher legt auch dieses Buch zunächst ein theoretisches Fundament, um sich anschließend der Praxis zuzuwenden und Dir den Einstieg und die Umsetzung so einfach wie möglich zu machen. Auf Deinem Weg wünsche ich Dir allen erdenklichen Erfolg und stehe Dir für Fragen wie immer gerne unter *chris@indie-bücher.de* mit Rat und Tat zur Seite.

Viel Spaß beim Lesen wünscht Dir von Herzen
Christopher Klein | Autor und Ökoethinvestor

Eine Standortbestimmung

„Alles was gegen die Natur ist,
hat auf Dauer keinen Bestand"
~ Charles Darwin"

Zu Beginn meiner Bücher stelle ich gerne einige Grundüberlegungen an. Ich bin der Meinung, dass man nur auf einem gesunden theoretischen Fundament aufbauen kann. Ich werde die notwendige Theorie aber nicht unnötig in die Länge ziehen und versuchen, sie so pragmatisch und einfach wie möglich zu erklären. Wir brauchen schließlich nicht noch ein weiteres Werk, das durch kompliziertes Fachchinesisch am Ende des Tages niemanden mehr erreicht.

In diesem Kapitel bestimmen wir daher zunächst unseren Standort. Wo stehen wir aktuell? Was passiert, wenn wir so weitermachen und wo führt dieser Weg unseren Globus und auch uns als Menschheit hin?
Auf den Antworten baut die Frage auf, was in diesem Kontext nachhaltige Finanzanlagen überhaupt bewirken können und ob sie wirklich ökologisch-nachhaltig und ethisch-sozial sind.

Damit schaffen wir eine gemeinsame Basis, einen gemeinsamen Nenner, der spätere Überlegungen leichter nachzuvollziehen lässt, und für Dich individuell anpassbar macht. Hier führen viele Wege nach Rom. Jeder Pfad ist durch individuell unterschiedliche Bedürfnisse und Probleme gekennzeichnet. Ich gehe aber auch davon aus, dass Du und ich im Kern ähnliche Ansichten haben – sonst hättest Du dieses Buch sicherlich nicht gekauft. Diese emotionale Verbindung wird uns bei später notwendigen strategisch-logischen Überlegungen helfen.

In diesem Sinne, lass uns loslegen!

Wo stehen wir aktuell?

„Wenn alle Menschen auf der Erde so leben würden wie die Deutschen, bräuchten wir die Ressourcen von drei Planeten."
~ Prof. Meinhard Miegel

Unserem Globus stehen herausfordernde Zeiten bevor. Der Klimawandel beschleunigt sich; ihn auch nur teilweise zu bremsen, wird zur Herkulesaufgabe. Nur Wenige machen sich klar, dass auch sie ihren Teil zur Veränderung unseres Klimas beitragen. Wie groß dieser ist, darüber mögen sich Wissenschaftler streiten, dass wir aber intensiv Einfluss darauf nehmen, das wird heute nicht mehr geleugnet. Indes ist Klimawandel nur eine Teilkonsequenz unseres menschlichen Handelns. Unser Handeln bewirkt weitere problematische Entwicklungen:

- Die Klimaerwärmung lässt Gletscher und Polkappen schmelzen und den Meeresspiegel in bedrohlichem Tempo ansteigen.
- Die Weltmeere versauern durch Treibhausgase. Die Auswirkungen auf das Meeresökosystem können wir uns gar nicht vorstellen.
- Die Bevölkerungsexplosion, Industrie und intensive Landwirtschaft verbrauchen immer mehr Süßwasser. 97 Prozent des Wassers auf unserem Planeten ist jedoch Salzwasser!
- Die Biodiversität unseres Planeten nimmt ab. Dabei könnte schon eine Tierart über unseren Fortbestand entscheiden (z. B. Bienen)!
- Katastrophen durch Kernenergie (z. B. Fokushima)
- Fossile Brennstoffe gehen zur Neige (z. B. Öl)
- Ausbeutung und Raubbau an der Umwelt durch Unternehmen (die unseren nach wie vor wachsenden Konsumhunger befriedigen)
- Die Armen werden immer ärmer. Das fördert Durst- und Hungerkatastrophen, Flüchtlingswellen und Kriege.
- Menschenunwürdige Arbeitsverhältnisse sind an der Tagesordnung (z. B. Baumwoll- und Kleidungsindustrie).

- Verschmutzung der Umwelt (z. B. Chlorindustrie) auch durch globale Transportwege (z. B. Containerschiffe)
- Kurzfristige Gewinnmaximierung von Aktiengesellschaften (Shareholder-Value) wird langfristigem Unternehmenserfolg immer häufiger untergeordnet.

Es wird klar, dass diese Liste noch beliebig weitergeführt werden könnte. Die Kernaussage macht sie jedoch deutlich: Die Menschen der ärmeren Länder dieser Welt können sich vor den schwerwiegenden Folgen des Umwelt- und Klimawandels am wenigsten schützen. Dazu kommt, dass dort, wo der Anteil der Nahrungsmittel an den Gesamtausgaben besonders hoch ist, es die Menschen am härtesten trifft. In vielen Entwicklungsländern liegt der Anteil der Lebensmittel an den Gesamtausgaben gar bei 80 Prozent. Wie soll da noch genügend Geld für Kinder, Unterkunft, Bildung, Medizin und Fortbewegung übrig bleiben? Lebensmittelspekulationen an den Finanzmärkten tun ihr übriges, ein politisches und ökologisches Dilemma auf ökonomische Weise zu verschärfen. Infolgedessen haben zwei Milliarden Menschen auf unserem Globus noch immer keinen Zugang zu ausreichender medizinischer Versorgung und mehr als eine Milliarde – das ist immerhin jeder siebte – leiden weiterhin unter Mangelernährung.
Den meisten Menschen in den reichen Industrieländern dieser Welt ist das entweder nicht bekannt oder sie verschließen die Augen vor den Fakten. Mit Geburt werden wir vom Wohlstand geküsst und selbst im schlimmsten aller Fälle fallen wir noch immer in die Arme des Staates, mit gesetzlicher Krankenversicherung, sicherer Unterkunft und Zugang zu kostenloser Bildung – und trotzdem beschweren wir uns

Ich finde es unverantwortlich und respektlos, wenn sich Menschen tatsächlich fragen, warum sie sich denn um das Schicksal Anderer kümmern sollen. Nur, weil sie sich selbst keine Sorgen machen müssen? Gerne behaupten sie dann, dass sie einfach viel zu viel zu tun hätten, als sich auch noch die Probleme dieser Welt aufzuladen. In meinen Augen ist das nicht mehr als eine faule Ausrede für Bequemlichkeit bzw. dafür, selbst keine Verantwortung übernehmen zu wollen. Dabei wird völlig übersehen, dass uns die Konsequenzen unseres Handelns eines Tages selbst treffen könnten.

Wo führt das noch hin?

„Noch ist Konsumismus das kulturelle Leitbild,
das Menschen Sinn, Zufriedenheit und gesellschaftliche
Akzeptanz in dem suchen lässt, was sie konsumieren.
Doch die Menschheit wird umdenken müssen."
~ Erik Assadourian

Mir ist klar, dass es alles andere als angenehm ist, sich mit den möglichen Implikationen unserer gegenwärtigen Lebens-, Konsum- und Wirtschaftsweise auseinanderzusetzen. Schließlich merkt man rasch dass, wenn wir so weitermachen wie bisher, uns bedrohliche Zeiten ins Haus stehen könnten. Doch dann ist es für eine Umkehr womöglich schon zu spät. Welche Szenarien wären denkbar?

- Klimaerwärmung und wirtschaftliche Ausbeutung führen zu gewaltigen Migrations- und Flüchtlingswellen.
- Die Versauerung der Weltmeere löscht die marine Welt aus.
- Durch ungebremste Verschmutzung der Umwelt und Raubbau an der Natur berauben wir uns unserer eigenen Lebensgrundlage.
- Süßwasser bzw. Trinkwasser wird zum ultimativen Luxusgut und unbezahlbar (Schluss mit Landwirtschaft).
- Ohne fossile Brennstoffe fehlen plötzlich wichtige Energiequellen.
- Arme werden noch ärmer. Sie müssen flüchten oder sterben an Durst und Hunger.
- Soziale Spannungen in Unternehmen werden immer größer und provozieren Missstände und Generalstreiks.
- Immer kurzfristigere Gewinnmaximierung zerstört mittel- bis langfristig Industrie und Ökonomie.

Uns muss klar sein, dass diese ökologischen- als auch sozialen Kosten, enorme ökonomische Kosten nach sich ziehen. Auf diesen Überlegungen fußt das sogenannte drei Säulen-Modell, das die drei Dimensionen nachhaltiger Entwicklung ins Auge fasst und zu kombinieren versucht. Sie bestehen aus:

- Ökonomie
- Ökologie
- Soziales

Das drei Säulen-Modell geht auf Prof. Heins zurück und entstand in den 90er Jahren. Es soll aufzeigen, dass man alle drei Kriterien möglichst gut miteinander kombinieren muss, um in den verschiedenen Bereichen ein harmonisches Gleichgewicht herzustellen. Aber was versteht man konkret unter den jeweiligen Aspekten?

Ökonomische Nachhaltigkeit
Eine ökonomisch nachhaltige Wirtschaftsweise bietet dauerhaft Erwerb und Wohlstand für alle Beteiligte.

Ökologische Nachhaltigkeit
Fokus auf Klima- und Umweltschutz, Artenvielfalt, Biodiversität und einen rücksichtsvollen Umgang mit der Lebensumwelt.

Soziale Nachhaltigkeit
Soziale Ungleichgewichte müssen aufgehoben werden, damit auf der Basis globaler Gleichberechtigung mehr Lebensqualität für alle geschaffen werden kann.

Lange Zeit maß man der gegenseitigen Beeinflussung dieser Faktoren wenig bis gar keinen Wert bei. Heute weiß man, dass man einen Faktor häufig nur zu Lasten eines oder zwei anderer Faktoren maximieren kann. Genau deshalb ist es auch aus ökonomischer Sicht so wichtig, ein gesundes Mittelmaß zu finden. Dort wo die Schnittmenge am größten ist, ergeben sich schließlich die meisten Vorteile für alle Beteiligte.

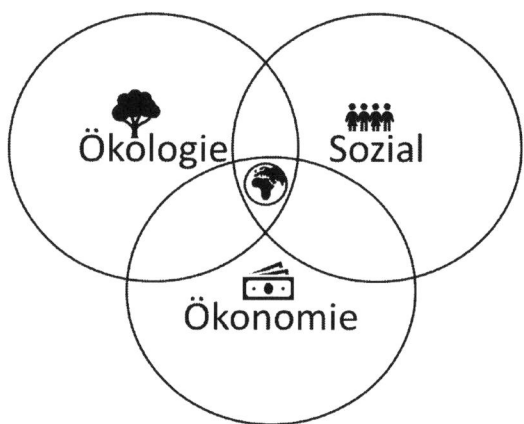

Nun wäre es einfach mit dem Finger zu zeigen auf die „bösen" Unternehmen zu schimpfen. Es ist aber nicht der Job der Unternehmen, auf ein Gleichgewicht von Mensch und Umwelt zu achten. Schließlich reagieren sie lediglich auf die von uns generierte Nachfrage und konzentrieren sich darauf, ihre finanziellen Gewinne zu maximieren. Es ist vielmehr an uns. Wir können und müssen meines Erachtens auf persönlicher Ebene Einfluss nehmen – nicht zuletzt mittels bewusstem Konsum und einer nachhaltigen Anlagestrategie. Nur so gleichen Unternehmen mittelfristig auch ihre Strategie an.

Du und ich, wir müssen gemeinsam Verantwortung für die aktuelle Situation übernehmen, um etwas zu verändern. Glücklicherweise wird das immer mehr Menschen bewusst. Infolgedessen gibt eine wachsende Schicht der Bevölkerung, die ihr Geld zunehmend in ökologischen und ethisch vertretbaren Anlageprodukten wissen will. Das hat einen enormen Trend erzeugt, der nicht selten kritisch hinterfragt wird. Schließlich wird gerne behauptet, dass finanzielle Renditen nicht ökologisch und/oder sozial erwirtschaftet werden können. Das führt dann zur Schlussfolgerung, dass es gar keinen Unterschied machen würde, ob man in Nachhaltigkeit investiere oder nicht.

Da auch ich bezüglich dieser Frage lange zwiegespalten war, habe ich sie nicht nur für den Zweck dieses Buches analysiert, sondern in allererster Linie für mein eigenes Verständnis.

Was können nachhaltige Geldanlagen bewirken?

*„Viele würden gern ein einfacheres Leben führen,
wenn der Weg dahin nicht so kompliziert wäre."
~ Justus Jonas*

Immer mehr Menschen möchten ihr Geld nicht mehr länger in intransparenten Kanälen verschwinden sehen, sondern wissen, was mit ihrem hart erarbeiteten Kapital geschieht und wofür es verwendet wird. Es besteht darüber hinaus bei immer mehr Anlegern der Wunsch, dass mit ihrem angelegten Geld nicht nur eine positive Rendite generiert wird, sondern auch positiver Einfluss verbunden ist. Und das ist gut so!

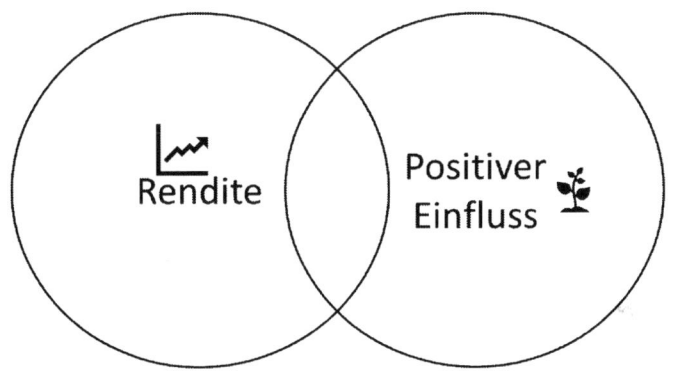

Wie Du mittlerweile gemerkt hast, nenne ich diesen „neuen" Anlegertyp den *„Ökoethinvestor"*. Ich habe diesen Begriff erfunden, weil er für mich in einem Wort definiert, was für diesen Menschenschlag im Vordergrund steht. Es handelt sich dabei einen Investor, der seine Anlagekriterien sowohl um ökologische als auch ethisch-soziale Aspekte ergänzt. Der *Ökoethinvestor* berechnet seine Rendite somit nicht nur an finanziellen Gewinnen, sondern möchte mit seinen Investments zugleich den positiven Einfluss auf Mensch und Umwelt maximieren. Genau an diesem Punkt stellen sich allerdings zentrale Fragen:

- Können nachhaltige Geldanlagen überhaupt etwas bewirken?
- Und wenn ja, was? Und in welchem Ausmaß?

Spätestens an dieser Stelle beginnt in der Regel eine emotionale Diskussion zwischen Hardcore-Idealisten und Ultra-Kapitalisten, denn das Thema „nachhaltiges Investieren" ist ein emotionales Pulverfass. Dementsprechend ausgeprägt ist die Bandbreite der Argumente. Von *„das bringt doch überhaupt nichts!",* bis *„mit nachhaltigen Geldanlagen kann man die Welt verändern!",* lässt sich jede Meinung finden. Um nicht in dieselbe Falle zu tappen, nähere ich mich der Fragestellung objektiv, indem ich Dich schon zu Beginn mit einigen möglichen Auswirkungen ethisch-sozialer und ökologisch-nachhaltiger Investitionen bekannt mache. Später wirst Du, in den jeweiligen Kapiteln, noch etwas mehr darüber erfahren.

1 Kapitalerhöhungen

Mit Aktien kannst Du Dich an börsennotierten Aktiengesellschaften beteiligen. Grundsätzlich erwerben wir Aktien meist am Zweitmarkt. Das heißt, Dein Geld erhält nicht das Unternehmen, sondern der Verkäufer. Allerdings unterstützt Du mit Deiner Nachfrage den Aktienkurs des Unternehmens. Je höher der Aktienkurs und je besser der Trend, der sich abzeichnet, umso besser steht es um die Unternehmen. Infolgedessen wird es für die Unternehmen umso einfacher, zusätzliches Eigen- oder Fremdkapital aufzunehmen. Das ist wichtig, damit Unternehmen Kapital einholen können, das sie für neue Projekte, die Erschließung neuer Geschäftsfelder oder Expansionen einsetzen und damit für Unternehmenswachstum nutzen können.

Darüber hinaus wird ein steigender Aktienkurs auch mit einem positiven Image assoziiert. Wir verbinden steigende Aktienkurse mit Erfolg, guter Unternehmensführung und finanzieller Rendite. Das wiederum kann das Interesse für die Produkte oder Dienstleistungen des Unternehmens steigern und somit einen positiven Einfluss auf die Absatzzahlen und den realökonomischen Unternehmenserfolg nehmen.

2 Aktive Einflussnahme

Mit dem Erwerb von Aktien bzw. geschlossenen Fondsanteilen erhältst Du zugleich ein Mitspracherecht. Bei Aktiengesellschaften darfst Du zum Beispiel an der jährlichen Hauptversammlung teilnehmen und (unbequeme) Fragen stellen. Dadurch können Anteilseigner mit ihrem Engagement auch Druck auf die Unternehmensführung hinsichtlich ökologischer oder ethischer Faktoren ausüben. Um diese Rechte als Anleger wahrzunehmen, ist allerdings Eigeninitiative gefragt.

3 Androhung von Desinvestment

Vor einigen Jahren habe ich mich in meiner Masterarbeit *„Staatsfonds und Beteiligungsunternehmen: Fluch oder Segen für international agierende Kapitalgesellschaften?"* intensiv damit beschäftigt, ob und wie intensiv das Mitspracherecht, das durch Beteiligungen an Unternehmen erworben wird, in der Praxis wahrgenommen und eingesetzt wird. Die Androhung des Verkaufs von Unternehmensanteilen ließ sich dabei nicht selten feststellen. Schließlich verfügen gerade größere Staatsfonds und Beteiligungsunternehmen über genügend Kapital, um mit starken Desinvestitionen Aktienkurse zu beeinflussen und damit natürlich auch das Image des Unternehmens. Sie wirken damit direkt auf die Unternehmensstrategie und -Führung ein. Aber auch kleinere Anlegergruppen könnten sich zusammenschließen und bei Unzufriedenheit mit dem Unternehmen hinsichtlich ethisch-sozialer oder ökologischer Aspekte erwägen, ihre Investitionen abzuziehen, und auf diese Weise Druck auf die Unternehmensführung ausüben.

4 Nachhaltigkeitsfonds sind stark im Kommen

Fonds, insbesondere passiv gemanagte ETFs, sind der neue Supertrend an den Finanzmärkten. Gerade Privatanleger können mit Investitionen in Fonds – ob aktiv oder passiv gemanagt – ein breit diversifiziertes Anlageportfolio erwerben und damit von einem sehr guten Rendite-Risikoverhältnis profitieren.

Eine steigende Nachfrage nach ethisch-sozialen und/oder ökologisch-nachhaltigen Anlageinstrumenten lässt sich auch im Fondsuniversum beobachten. Fonds üben durch ein hohes, häufig mehrere Milliarden schweres, Investitionsvolumen insbesondere über die Nachfrage nach der Aktie Druck aus. Schließlich gibt es mittlerweile verschiedene Ansätze sowie Positiv-Screenings oder Ausschlusskriterien, um sie in Sachen Nachhaltigkeit miteinander vergleichbar zu machen. Verstößt ein Unternehmen gegen die Nachhaltigkeitskriterien des Fonds, wird es aus dem Portfolio genommen. Dieses Desinvestment wirkt sich nicht nur auf die Aktienkurse aus, sondern hat auch einen nachhaltigen Einfluss auf das Image des Unternehmens.

Ähnliches lässt sich auch bei Ökofonds beobachten. Diese fordern immer detailliertere Daten zu den ökologischen Aktivitäten von Unternehmen. Damit üben sie Druck auf die Unternehmensführungen aus, sich dieser Faktoren intensiver anzunehmen. Sie fördern somit den wichtigen Aspekt der Transparenz des Unternehmens, das überdies, zum Beispiel durch Öko-Label und Zertifizierungen, einen Imagegewinn erzeugen und ein wichtiges Unterscheidungsmerkmal gegenüber der Konkurrenz gewinnen kann.

Grundsätzlich schätze ich die Wahrscheinlichkeit und Chancen der Einflussnahme durch aktive Fonds deutlich höher ein, als bei passiv verwalteten ETFs. Die Einflussnahme durch ETFs erfolgt eher indirekt, über ihre Marktmacht - gerade in Bezug auf die Aktienkurse.

 # 5 Nachhaltige Banken fördern mit Deinem Geld Projekte

Der Finanzmarkt bietet heute glücklicherweise auch jenen *Ökoethinvestoren*, die ganz direkten Einfluss mit ihren Investitionen nehmen wollen, eine attraktive Bandbreite von Investitionsmöglichkeiten. Nachhaltige Umweltprojekte sind besonders häufig zu finden. Aber auch Projekte mit sozialer Ausrichtung mischen sich mittlerweile unter das Angebot. Anleger können anschließend die für die Realisierung des Projektes notwendigen Geldmittel bereitstellen. Bei der GLS Bank kannst Du beispielsweise selbst bestimmen, in welche Projekte Dein Geld (z. B. bei Spareinlagen) fließen soll. In der Vergangenheit konnten mit diesem Kapital nicht nur Umweltprojekte im Sektor erneuerbare Energien wie beispielsweise Windkraft- und Photovoltaikanlagen finanziert werden, sondern auch Projekte in den Bereichen „Wohnen", „Soziales und Gesundheit", „nachhaltige Wirtschaft", „Ernährung" sowie „Bildung und Kultur".

6 Start-ups und Projekte mit Kapital fördern

Das sogenannte Crowdinvesting ist in meinen Augen eine geniale Erfindung des Fintech-Sektors. Über Crowdinvesting-Plattformen haben wir die Gelegenheit, uns direkt an Projekten, Start-ups und jungen Unternehmen zu beteiligen. Damit verschaffen wir ihnen notwendiges Kapital, um den Start zu finanzieren und zu unterstützen. Es ist besonders erfreulich, dass es mittlerweile auch spezifische Crowdinvesting-Plattformen gibt, die ausschließlich Projekte oder Unternehmen mit ethisch-sozialen und/oder ökologisch-nachhaltigen Unternehmenskonzepten für Finanzierungsrunden zulassen. Damit können wir mit unserem Kapital ganz gezielt nachhaltige Zukunftsunternehmen fördern. Diese Art der Finanzierung nennt man „Impact Investing".

7 „Entwicklungskredite" vergeben

Im Rahmen der Fintech-Revolution können wir uns als Privatanleger mittlerweile auch an Mikrofinanzfonds beteiligen. Das Geld wird durch Mikrofinanzinstitute, in Form von Krediten, an Menschen in sogenannten Entwicklungs- und Schwellenländern weitergereicht. Schließlich ist gerade die Infrastruktur der Finanzinstitute ein wichtiger Faktor für die ökonomische Entwicklung eines Landes. Viele Länder und deren Bewohner können aber von einem Banken- und Kreditsystem wie in den Industrieländern nur träumen! Sie haben häufig keinen oder nur einen stark eingeschränkten Zugang zum Finanz- und Kreditmarkt. Finden Sie einen Kreditgeber, erhalten sie Kredite meist nur zu Wucherzinsen. Diesbezüglich sind wir hierzulande übrigens sehr verwöhnt, schließlich sind Zinssätze von 20 Prozent in vielen Ländern keine Seltenheit – 20 Prozent am Tag! Kleinstkredite, schon 100 Euro, können in vielen Ländern das Leben und Schicksal ganzer Familien zum Positiven verändern. Sie helfen Menschen dabei, sich eine Existenz aufzubauen und ihren Lebensunterhalt langfristig zu sichern.

Diese sieben Auswirkungen zeigen, wie wir mit unserem Geld sowohl auf die Umwelt, als auch die Lebenssituation vieler Menschen positiven Einfluss nehmen können. Von der Finanzierung zukunftsentscheidender Umweltprojekte, bis hin zu Investitionen, die gegen Hunger und eine auseinanderklaffende Armutsschere wirken. Nichtsdestotrotz bleibt häufig eine zentrale Frage..

Was heißt ökologisch bzw. ethisch-sozial?

„Der Mensch will immer, dass alles anders wird,
und gleichzeitig will er, dass alles beim alten bleibt."
~ *Paulo Coelho*

Im Laufe meiner Zeit als Autor und Blogger erinnere ich mich an viele Diskussionen zu diesem Thema. Schließlich ist es eine Frage, die jeder individuell anders definiert und dementsprechend subjektiv beantwortet. Während es für Person A ökologisch-nachhaltig ist, hin und wieder mit dem Bus oder Fahrrad zur Arbeit zu fahren statt mit dem Auto, ist es für Person B der vollkommene Verzicht auf Fleisch, Wurst, ein mit Verbrennungsmotoren angetriebenes Fahrzeug und den Langstreckenflug in einen exotischen Urlaub. Für Person A heißt ethisch-sozial, dass sie ihren Fleischkonsum auf einmal pro Woche reduziert, während es für Person B bedeutet, 100% vegan zu leben. Aufgrund der Tatsache, dass diese Extreme sehr weit auseinanderliegen, ist es unmöglich, alle Herzen und Köpfe zu befriedigen. Ohne gemeinsamen Nenner reden wir jedoch aneinander vorbei.

Wie schaffen wir bei diesen Fragen eine gemeinsame Basis?

Bevor ich später auf die Systematiken des Finanzmarktes eingehe, die Instrumente nach bestimmten Nachhaltigkeitskriterien zu bewerten bzw. auszuschließen, möchte ich Dir zunächst meine eigenen Gedanken dazu vorstellen. *Ökoethinvestoren* sind nachhaltig orientiert. Unsere Handlungen müssen in meinen Augen darauf ausgerichtet sein, die natürliche Regenerationsfähigkeit unseres Planeten wiederherzustellen und allen „Erdlingen" ein menschenwürdiges Leben zu ermöglichen. Deshalb habe ich eine Übersicht erstellt und der Verständlichkeit halber zwischen persönlichen und unternehmerischen Faktoren unterschieden. Je mehr Faktoren wir – auch durch unseren Konsum – vereinen können, umso größer wird der Einfluss, den wir nehmen.

1 Individuelle Ebene

- Bewusste, ressourcenschonende Konsumweise.
- Investitionen in nachhaltige Finanzanlagen mit realen Erträgen.
- Bewusstes Handeln, das Menschen, Tiere und Pflanzen schont.
- Wenig (neues) brauchen und trotzdem alles haben.
  In vielen Fällen reicht es auch „gebraucht".
- Kaputtes reparieren, statt der Wegwerfgesellschaft zu folgen.
- Nutzung fossiler Energien verringern und erneuerbarer steigern.
- Projekte unterstützen, die subjektiv ökologisch-nachhaltig sind.
- Geld in Unternehmen investieren, die auf nachhaltige Faktoren achten und in ihre Unternehmensstrategie inkorporieren.

Wie wir als Menschen in der Summe handeln, miteinander umgehen, uns umeinander sorgen und was wir in welcher Menge konsumieren, ist aus meiner Sicht zugleich die beste Definition für Nachhaltigkeit auf individueller Ebene. Sie orientiert sich am Gewissen.

2 Unternehmensebene

- Ressourcen werden beim Produktionsprozess bewusst geschont.
- Statt Raubbau an der Natur Wiederverwendung (Recycling).
- Erneuerbare Ressourcen werden gefördert.
- Unternehmen fördern keine sozialen Spannungen oder Konflikte (z. B. Gewinne entstehen nicht durch Korruption).
- Unternehmen achten auf kurze Transportwege.
- Es wird (ethisch) nach zukunftsweisenden Technologien geforscht.
- „Human- und Sozialkapital" entwickeln und fördern
- Menschen- und Tierrecht achten.
- Soziale Nachhaltigkeit aktiv fördern und demgemäß nach hohen ethischen Ansprüchen handeln.
- Auf eine langfristige Unternehmensstrategie setzen und bei ihren Entscheidungen nicht nur kurzfristig den Aktienkurs im Blick haben („Shareholder Value").

Unternehmen, die diesen Aspekten folgen, leisten ihren Teil für soziale, ökologische und ökonomische Nachhaltigkeit. Eine nachhaltige Wirtschaft geht Hand in Hand mit einer Gesellschaft, die nicht über ihre Verhältnisse lebt. Ein pragmatischer Ansatz mit Zukunft.

Wenn Du das verstehst, stehen Deine Erfolgschancen besonders gut

„Es gibt keinen Unterschied zwischen einem Pessimisten
und einem Optimisten, der nichts tut.
In beiden Fällen passiert nichts."
~ Yvon Chouinard.

Heute steht uns eine ungemein breit gefächerte Palette an Finanzprodukten zur Verfügung. Seit einigen Jahren beobachte ich auch die Entwicklungen im Sektor der nachhaltigen Finanzanlagen intensiv. Es freut mich enorm, dass sich auf diesem Gebiet im letzten Jahrzehnt viel getan hat. Nichtsdestotrotz lässt gerade die Außenwirkung noch zu wünschen übrig. Schließlich wissen die meisten Menschen, die ihr Geld eigentlich gerne ethisch-sozial und/oder ökologisch-nachhaltig anlegen würden, kaum etwas von der großen Bandbreite an Möglichkeiten, die ihnen mittlerweile zur Verfügung steht. In einem kapitalistischen System reagieren Märkte mit einer Anpassung des Angebots auf die Nachfrage – häufig schneller, als man denken mag. Genau das zeigt sich auch im Sektor nachhaltiger Geldanlagen.

Meines Erachtens fehlt es in diesem Sektor vor allem an breiterer Bekanntheit. Die Prominenz eines Angebots könnte helfen, letztlich nicht nur die quantitative Nachfrage zu erhöhen, sondern das Angebot auch qualitativ zu verbessern (die Konsequenz von mehr Konkurrenz).

Klassische Geldanlageprodukte misst man vor allem an drei Faktoren: Risiko bzw. Sicherheit, Rendite und Liquidität. Dem klassischen Anleger geht es darum bei möglichst wenig Risiko, eine möglichst hohe Rendite zu erzielen. Für den *Ökoethinvestor* kommt jedoch eine vierte Dimension hinzu – Nachhaltigkeit. Während die drei klassischen Faktoren quantitativ messbar sind, ist der Faktor Nachhaltigkeit vielmehr qualitativer Natur. Das zeigt sich letztlich auch an den Messmethoden bzw. der Beurteilung nachhaltiger Finanzanlagen.

Von „radikal" bis zum „best class Ansatz", wo nur jene Unternehmen aufgenommen werden, die in ihrer jeweiligen Branche – selbst Atomindustrie oder Ölförderung – die vorbildlichsten Unternehmen sind. Eine einheitliche Klassifizierung bzw. Vergleichsmethode gibt es bis dato nicht.

Eines ist jedoch klar. Je strenger bzw. extremer Deine Philosophie ist, umso weniger Anlagemöglichkeiten kommen für Dich in Frage. Das wiederum führt zu höherer Risikokonzentration Deiner Investments und damit leidet die Risikostreuung. Mehr dazu im Kapitel „Die Sache mit der Diversifikation".

Damit Du nachhaltige Finanzanlagen dennoch untereinander vergleichen und Dich für jene entscheiden kannst, die Deinen individuellen Präferenzen entsprechen, orientiere Dich am sogenannten magischen Viereck der nachhaltigen Geldanlage.

Das magische Investment-Viereck

„Leben, arbeiten und wirtschaften mit der Natur und nicht
mehr länger gegen die Natur ist unser großer Lernprozess."
~ Dalai Lama

Bevor wir Investitionsentscheidungen, egal welcher Art, treffen, sollten wir uns unbedingt mit dem magischen Rendite- bzw. Investitionsdreieck auseinandergesetzt haben. Es gehört zum fundamentalen ökonomischen Grundlagenwissen. Es mag kompliziert klingen, ist in der Praxis aber ganz einfach zu verstehen.

In der klassischen ökonomischen Portfoliolehre ist das sogenannte Investitionsdreieck der Ausgangspunkt aller Überlegungen. Schließlich setzt es die drei wichtigen Parameter für Investitionsentscheidungen zueinander in Beziehung.

- **# 1 Rendite**
  Rendite beschreibt den Gewinn Deiner Investitionen nach Kosten und Steuern – den Ertrag Deiner Geldanlagen.
- **# 2 Sicherheit/Risiko**
  Je höher die anvisierte Rendite, umso höher ist das Risiko, das Du dafür einzugehen bereit sein musst. Bedenke, dass Rendite von Risiko kommt – nicht umgekehrt!
- **# 3 Liquidität**
  Wie einfach, schnell und zu welchen Kosten kannst Du Deine Investitionen in Bargeld umwandeln? Je einfacher und günstiger, umso liquider ist Dein Investment.

Darüber hinaus ist für uns *Ökoethinvestoren* auch der Faktor ökologische und soziale Nachhaltigkeit ein Anlagekriterium. Daher erweitert sich das Modell um einen vierten Faktor:

- **# 4 Nachhaltigkeit**
  Bei der vierten Dimension geht es uns vor allem um die Verwendung unseres Kapitals. Generell spielen für uns ökologische und/oder soziale Fragen eine Rolle. Darüber hinaus interessieren sich *Ökoethinvestoren* auch dafür, welche Ziele das Unternehmen generell verfolgt, oder wie es sich in der Region engagiert.

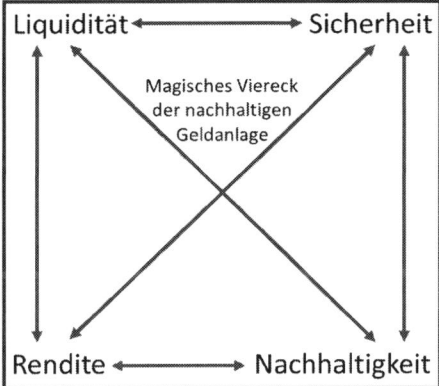

Alle vier Dimensionen – Liquidität, Rendite, Sicherheit, Nachhaltigkeit – lassen sich in jeder Geldanlage identifizieren. Infolgedessen ist das magische Viereck ein interdependentes Modell. Das heißt, dass die vier Dimensionen zueinander in Abhängigkeit stehen. Der Anleger muss zwischen ihnen abwägen. Verändert sich ein Faktor, ändern sich auch die anderen. Anders ausgedrückt: Je nachdem, welchen Parametern Du mehr Bedeutung beimisst, musst Du bei anderen Abstriche machen. Mehr Liquidität geht beispielsweise zu Lasten von Rendite und Sicherheit. Mehr Rendite wirkt sich in der Regel negativ auf das Risiko aus. Der Faktor Nachhaltigkeit muss dabei immer gesondert betrachtet werden und spielt auf qualitativer Ebene in Deine Investitionsentscheidungen hinein.

Je nachdem, für welche Anlageklasse Du Dich entscheidest, entsprechen einige Dimensionen Deinen Präferenzen mehr und andere weniger. Um eine Entscheidung hinsichtlich des qualitativen Aspekts der ethisch-sozialen bzw. ökologischen Nachhaltigkeit treffen zu können, sind Parameter und Kriterien wichtig.

Kriterien für nachhaltige Geldanlagen

Treffen sich zwei Planeten. Sagt der eine: „Du siehst aber
gar nicht gut aus!" Der andere: „Ja, ich weiß. Ich hab homo
sapiens." „Das kenn ich, das geht vorbei!"

Für *Ökoethinvestoren* spielen bei der Geldanlage also nicht nur die quantitativen Faktoren Liquidität, Sicherheit und Rendite eine Rolle, sondern vor allem der qualitative Faktor Nachhaltigkeit. Das erleichtert die Auswahl nicht unbedingt. Schließlich herrscht gerade an den Finanzmärkten, in Anbetracht einer nicht zu überblickenden Vielzahl unterschiedlicher – nicht selten intransparenter – Finanzprodukte (gerade bei Privatinvestoren) häufig Verwirrung.

Während der Finanzkrise 2008 wurde deutlich, dass viele Bankberater Produkte, die sie empfahlen, selbst nicht durchschauten und zudem von satten Provisionen geblendet waren (und häufig noch immer sind). Darüber hinaus gibt es bisher keine einheitliche Definition für das qualitative Kriterium Nachhaltigkeit. Das wird sich in absehbarer Zeit auch nicht ändern. Schließlich ist es ein überaus subjektives Thema. Allerdings gibt es eine Reihe guter Ansätze, die nachhaltige Geldanlagen zu charakterisieren und von konventionellen Finanzprodukten zu unterscheiden versuchen. Im Folgenden möchte ich Dir einige der praktikabelsten und meist genutzten Methoden vorstellen. Du wirst später, bei der Recherche und Auswahl für Dein Portfolio, immer wieder über diese Begriffe stolpern.

Die Bandbreite der Messmethoden reicht weit. Einige sind scharf und präzise, andere eher weich und pragmatisch. Letztendlich ist es eine Frage Deiner Einstellung und Kompromissbereitschaft. Je enger Du Nachhaltigkeit definierst, umso schärfer grenzen bestimmte Kriterien Unternehmen und Projekte aus und umso weniger Finanzprodukte stehen für die Geldanlage zur Auswahl. Es wird allgemein zwischen drei Methoden unterschieden.

#1 Negativ Screening (Ausschlusskriterien)

Solltest Du Dich schon einmal in der Welt nachhaltiger ETFs umgesehen haben, wirst Du sicherlich über ETFs gestolpert sein, die ihre Auswahl anhand von Ausschlusskriterien treffen. Ein Verfahren, das im kirchlichen Sektor, dem Stiftungsbereich und auch bei aktiv verwalteten Fonds schon seit längerem Anwendung findet. Beim sogenannten Negativ Screening werden Unternehmen, Branchen und sogar ganze Staaten aus dem Investmentuniversum ausgeschlossen, die aufgrund problematischer Engagements und Geschäftstätigkeiten gegen festgelegte Nachhaltigkeitskriterien verstoßen. Ein pragmatischer Ansatz, der jedoch auch mit Kritik zu kämpfen hat. Schließlich wird beim Negativ Screening kaum auf die Wertschöpfungskette der Produktion geschaut. Unternehmen werden beispielsweise nicht anhand der Nachhaltigkeit der Zulieferer oder Abnehmer beurteilt. Darüber hinaus können auch Unternehmen oder Staaten enthalten sein, denen man Verstöße nicht nachweisen kann, oder wo ein Skandal erst in einigen Jahren aufgedeckt wird (und daher zu spät ausgeschlossen werden).

Grundsätzlich sollen Ausschlusskriterien Unternehmen ausschließen, die soziale und ökologische Kriterien nicht erfüllen, sowie Schwächen bei der Unternehmensführung aufweisen. Sie orientieren sich beispielsweise an den Normen und Standards der Internationalen Arbeitsorganisation „ILO" (Kernarbeitsnormen), den OECD-Leitsätzen für multinationale Unternehmen oder dem „global Compact" der Vereinten Nationen.

Ausschlusskriterien werden allgemein als der am wenigsten strenge Ansatz gesehen. Nichtsdestotrotz halte ich es für einen wichtigen Schritt in die richtige Richtung, wie die nachfolgende Liste zeigen soll.

Typische Negativkriterien für Unternehmen

- Nichtbeachtung des Tier- und Pflanzenschutzes (z. B. Tierversuche)
- Missachtung von Menschenrechten (z. B. Todesstrafe für Staaten)
- Abtreibung, Gentechnik, Diskriminierung (z. B. Homosexualität)
- Verstoß gegen Arbeitsnormen (z. B. Kinderarbeit)

In der Regel ausgeschlossene Branchen

- Umweltschädliche Branchen (z. B. Chemie, Chlorchemie)
- Waffen- oder Rüstungsindustrie
- Alkohol und Tabakindustrie
- Glücksspielindustrie
- Kernkraftindustrie
- Pornoindustrie

Die Liste zeigt, dass sowohl ethisch-soziale als auch ökologische Kriterien überprüft werden. Welche Faktoren bei welchem Wertpapieranbieter zum Ausschluss führen solltest Du jedoch immer im Einzelfall prüfen. Einheitlichkeit besteht hier (noch) nicht.

#2 Positiv Screening (Integration von Qualitätskriterien)

Während beim Negativ Screening mit Ausschlusskriterien gearbeitet wird, werden beim Positiv Screening eine ganze Reihe (nicht selten über 500 Datenpunkte) von Nachhaltigkeitsfaktoren untersucht und bewertet. Diese Form der Überprüfung lässt sich in der Regel an der Abkürzung ESG oder SRI erkennen. ESG steht für „environmental" (Ökologie), „social" (ethisch-sozial) und „Governance" (Unternehmensführung). SRI steht für „Social Responsible Investment" (sozial verantwortliche Investition). Beide Ansätze analysieren, inwiefern das Unternehmen hinsichtlich der Kriterien positiven oder negativen Einfluss nimmt. Ich persönlich finde ESG/SRI-Kriterien überaus hilfreich. Sie können eine wichtige Orientierung liefern und beispielsweise auch bei Hauptversammlungen von Anlegern gegenüber der Unternehmensführung angesprochen und debattiert werden, um die Unternehmenspolitik entsprechend zu beeinflussen.

Bei meinen Recherchen habe ich festgestellt, dass immer mehr Nachhaltigkeitsbewertungen von ETFs und Aktien auf ESG und SRI-Kriterien beruhen. Sie machen den qualitativen Faktor Nachhaltigkeit, durch eine breite Analyse von Positiv-Faktoren quantitativ bewertbar und vergleichbar. Der Vergleich erfolgt meist in Form einer neutralen Benotung. Es ergibt sich damit eine Art Rating für Nachhaltigkeit. Diesen Ansatz bezeichnet man häufig auch als „Best in Class". Es werden beispielsweise nur 25 Prozent der „Klassenbesten" herausgepickt. Man investiert somit lediglich in Unternehmen oder Staaten, die die Kriterien im Vergleich am besten erfüllen und führend sind. Beim bekannten „MSCI-World" werden zum Teil mehr als 500 Kriterien untersucht. Dabei hängt die Gewichtung natürlich von der Branche ab (der CO_2-Ausstoß oder Energieverbrauch ist für die Bewertung der Autoindustrie beispielsweise ein sehr viel wichtigeres Kriterium, als für den Versicherungssektor).

Aber auch dieser Ansatz muss sich Kritikpunkte gefallen lassen. Schließlich könnten somit beim Vergleich (bspw. von Textilunternehmen) dennoch Unternehmen ins Portfolio rutschen, die den Ausschlusskriterien nicht hätten standhalten können. Nicht selten sind somit Unternehmen vertreten, die alles andere als umweltförderlich sind oder eine ethisch-soziale Unternehmensphilosophie vertreten, in ihrem Sektor aber die nachhaltigste Arbeit leisten.

Typische Positiv-Kriterien
* Soziale Kriterien (z. B. humane Arbeitsbedingungen, Mitarbeiterumgang, Maßnahmen gegen Diskriminierung, Schulungsprogramme für Mitarbeiter, etc.)
* Ökologische Kriterien (z. B. Herstellung umweltfreundlicher Produkte, Anwendung umweltfreundlicher Technologien, Effizienzsteigerungen bei Energie- und Ressourcenverbrauch, CO_2-Ausstoß)
* Governance Kriterien (z. B. solides Risiko- und Umweltmanagementsystem, Gesundheitsförderung der Mitarbeiter, unabhängiger Verwaltungs- oder Aufsichtsrat, etc.)

Du siehst, dass sich beide Messmethoden berechtige Kritik gefallen lassen müssen. Beide können etwas leisten, was dem anderen Ansatz wiederum abgeht.

Das wird auch der Finanzbranche zunehmend klar. Daher lässt sich immer häufiger die Kombination beider Ansätze als Bewertungsansatz finden. In meinen Augen die derzeit beste und pragmatischste Herangehensweise. Schließlich gibt es ja nicht so etwas wie den nachhaltigsten Rüstungshersteller!

Bei dieser Methode werden zunächst kontroverse Industrien und Staaten ausgeschlossen und die übrigen Unternehmen und Staaten anschließend einem Positiv Screening nach ESG/SRI-Kriterien unterzogen und nach „Best in class" Ansatz gerankt.

3 Impact Investing (genaue Ziele)

Es gibt noch einen weiteren Ansatz, der aus dem Gesichtspunkt Nachhaltigkeit insbesondere für jene *Ökoethinvestoren* interessant sein dürfte, die ganz genau wissen wollen, wohin ihre Gelder fließen und wofür sie verwendet werden. Beim sogenannten „Impact Investing" werden ganz spezifische Projekte und Unternehmen mit spezifischen Zielen gefördert. Das heißt, dass dem Anleger in der Regel bereits vorher sowohl Endresultat des Projektes als auch Rendite bekannt sind. Bei Impact Investments legen wir unser Geld somit stark wirkungsbezogen an. Impact Investing gilt daher als ganz besonders transparent und nachvollziehbar. Schließlich ist es für immer mehr Anleger immer wichtiger, genau nachvollziehen zu können, welchen direkten Einfluss sie mit ihren Investitionen nehmen.

Die Anlageform des Impact Investings bezieht sich insbesondere auf die Förderung spezifischer Projekte (z. B. Photovoltaik-Feld oder Windkraftwerk). Für mich gehört aber auch die Förderung und Finanzierung von nachhaltigen Start-ups und jungen Unternehmen zum Impact Investing. Ein Trend, der meiner Meinung nach in den kommenden Jahren noch stark wachsen wird. Schließlich handelt es sich bei dieser Investitionsart um die ehrlichste Integration und direkteste Förderung nachhaltiger Faktoren.

Es gibt jedoch auch bei diesem Investmentansatz Kritikpunkte. Leider schleichen sich immer wieder schwarze Schafe unter die Menge, die unter dem Deckmantel der Nachhaltigkeit Gelder für Projekte einsammeln, die gar nicht nachhaltig sind und anschließend veruntreut werden. Daher müssen die Anbieter ganz genau von Dir unter die Lupe genommen und auf Vertrauenswürdigkeit geprüft werden!

Die Sache mit der Rendite

„Im Fall des konsumistischen Paradigmas gehören
zu den Grundüberzeugungen, die geändert werden müssten,
der Glaube, dass mehr Dinge glücklicher machen,
dass permanentes Wachstum gut ist,
dass Menschen von der Natur völlig getrennt sind
und dass die Natur ein Ressourcenlager ist,
das für menschliche Zwecke rücksichtslos
ausgebeutet werden sollte.“
~ Erik Assadourian

Während sich die Rendite des klassischen Investors fast ausschließlich am finanziellen Gewinn seiner Investitionen orientiert, ist die Rendite des *Ökoethinvestors* doppelter Natur. Auch er erfreut sich natürlich an finanziellen Zugewinnen, darüber hinaus zieht er aber auch einen emotionalen und ideellen Gewinn aus seinen ethisch-sozialen bzw. ökologisch-nachhaltigen – also sinnvollen – Investitionen.
Nun hält sich die Aussage wacker, nachhaltige Investitionen wären finanziell gesehen weniger rentabel. Woher sie kommt, kann ich mir nicht wirklich erklären, zeigt doch eine breite Reihe unterschiedlicher Studien und auch der empirische Blick auf die Kursentwicklungen verschiedener Wertpapiere nachhaltig handelnder Firmen, dass ökologisch-nachhaltige und ethisch-soziale Investitionen keineswegs mit Renditeeinbußen einhergehen müssen.

Grundsätzlich ist es an den Finanzmärkten wie im wahren Leben. Dort, wo viel zu gewinnen ist, ist auch viel zu verlieren. In der Praxis bedeutet das, dass Unternehmen, die kurzsichtig handeln, um beispielsweise ihre Aktienkurse im Sinne des Shareholder-Values stetig nach oben zu schrauben, auf mittlere bis längere Sicht volatilere Umsätze aufweisen. Der Shareholder-Value Ansatz von Aktiengesellschaften impliziert die Maximierung des Gewinns für die Aktionäre (Shareholder). Ganz anders sieht das mit nachhaltig handelnden und wirtschaftenden Unternehmen aus. Der Fokus wird hier primär auf den langfristigen Unternehmenserfolg gerichtet. Der Aktienkurs soll diesem positiven Trend letztlich nur folgen.

Finanzielle Rendite muss aber immer auch irgendwo herkommen – eigentlich logisch. Dies ist allerdings der Punkt, vor dem die allermeisten Investoren die Augen verschließen. Schließlich sind hohe Renditen häufig auch mit massiver Ausbeutung von Tier, Mensch und Umwelt verbunden. Und ja, welcher Investor hört schon gerne, dass er mit seinen Geldanlagen dabei mithilft, Mensch und Natur zu zerstören?

Ökoethinvesting mag sicherlich nicht die allheiligmachende Antwort auf dieses Dilemma sein. Es könnte jedoch eine positive Entwicklung in Richtung einer umsichtigen und wahrlich nachhaltigen Wirtschaft anstoßen, von der alle Beteiligten profitieren – nicht nur die Anleger! Das gelingt in meinen Augen nur mit gesundem, langfristigen und nachhaltigen Wachstum. Ein Wachstum, das mir, als überaus passiven Investortyp, ohnehin viel lieber ist.

Ich konzentriere mich daher auf cleveres, weitsichtiges Investieren mit langfristigem Anlagehorizont – und nicht auf Spekulation! Ich möchte mein Geld in guten Händen wissen, damit ich meine Investitionen automatisieren kann. Das hat den Vorteil, dass ich anschließend mit minimalem Zeitaufwand langfristig maximale doppelte Rendite erziele.
Genau hierfür eignen sich nachhaltige Finanzprodukte, insbesondere die Investition in nachhaltig handelnde und wirtschaftende Unternehmen, meiner Meinung nach, perfekt. Die Wahrscheinlichkeit, dass durch schlechte Unternehmensführung, das Eingehen hoher Risiken oder Skandale, der Unternehmenserfolg infrage gestellt wird, ist bei diesen Unternehmen deutlich geringer als bei anderen Gesellschaften. Insofern passen ethisch-soziale und ökologisch-nachhaltige Investitionen auch perfekt zu meinem Profil des Faulbär-Investors, der mit überschaubarem Aufwand, größtmöglichen Erfolg sucht.

Im ersten Kapitel dieses Buches haben wir uns bereits angesehen, was unser Kapital bewirken kann, wenn wir in nachhaltige Projekte und Unternehmen investieren. Die Frage nach der finanziellen Rendite will ich an dieser Stelle aber noch etwas detaillierter eruieren. Darauf aufbauend werde ich dieses Thema später, bei der Vorstellung der acht Praxisstrategien, noch einmal ganz genau unter die Lupe nehmen.

Es gibt eine ganze Reihe von Studien, unter anderem von Universitäten und Unternehmen wie der Deutschen Bank oder der Allianz, die bestätigen, dass nachhaltige Geldanlagen in Sachen Rendite nicht schlechter abschneiden als konventionelle. Als Beispiel kann der Natur Aktien Index (NAI) genannt werden. Ein aktiv verwalteter Fonds, der, Stand August 2018, in den letzten fünf Jahren über 82,5 Prozent Zugewinn verzeichnen konnte. Das sind im Jahresschnitt gigantische 16,5 Prozent. Damit vollzog der NAI eine deutlich bessere Entwicklung als der deutsche Leitindex DAX (58 Prozent den letzten 5 Jahren) oder der klassische Anfänger-ETF auf den MSCI World Index (53 Prozent in den vergangenen 5 Jahren). Ich finde das überaus beeindruckend.

Ähnlich sieht es mit Crowdinvestments für nachhaltige Unternehmen oder nachhaltige Projektfinanzierungen aus. Die Renditen unterscheiden sich in den meisten Fällen kaum von konventionellen Unternehmensanleihen.

Ergo: Nachhaltige Investments sind alles andere als finanzielle Fallen. Sie können Portfolios nicht nur aus Risikogesichtspunkten wunderbar ergänzen, sondern weisen auch in Renditefragen einen langfristig positiven und stabilisierenden Charakter auf.

Achtung vor dem Rechenfehler!

In Finanzfragen siegt Emotion fast immer über Kopf und Logik. Daher möchte ich gleich zu Beginn einen der typischsten Denk- und Rechenfehler ansprechen.

Wenn Du 50% gewinnst und im Folgejahr 50% verlierst, über wie viel Kapital verfügst Du dann?

Im ersten Moment möchte man sagen, dass sich Gewinn und Verlust ausgleichen und man wieder über den Ursprungsbetrag verfügt. Wie Du schon vermuten wirst, ist das jedoch falsch! Ein 50 prozentiger Verlust kann nicht durch einen 50 prozentigen Gewinn ausgeglichen werden.

Konkretes Beispiel: Wenn Dein Investment von 100 Euro 50 Prozent einbüßt, fällt es auf den Wert von 50 Euro. Damit Dein Investment wieder auf den Ursprungsbetrag zurückkehrt, muss nun eine Verdopplung her. Dein Investment muss jetzt 100 Prozent zulegen, um wieder auf das Ursprungsniveau von 100 Euro zurückzukehren!

Dir muss also klar sein, dass ein Wertverlust von 50 Prozent bedeutet, dass Dein Investment um 100 Prozent zulegen muss, um wieder seinen Ausgangspunkt zu erreichen! Und genau deshalb ist Geduld und ein langfristiger Planungs- und Anlagehorizont bei meinen Investitionen immer eine meiner obersten Prämissen!

Die Sache mit dem Risiko

„Die Welt hat genug für jedermanns Bedürfnisse,
aber nicht für jedermanns Gier."
~ Mahatma Gandhi

Keine Kapitalanlage, ja nicht einmal das Sparbuch, ist frei von Risiko. Je höher das Risiko ist, umso üppigere Gewinne sind in der Regel möglich. Mit höherem Risiko steigt allerdings auch die Wahrscheinlichkeit, dass die Investition an Wert einbüßt oder sogar zum Totalausfall wird. Daher gilt es bei Kapitalanlagen stets ein gesundes Gleichgewicht zwischen den drei magischen Faktoren Risiko, Rendite und Liquidität zu wahren. Der Schlüssel dazu heißt (neben einem langfristigen Anlagehorizont) Diversifikation – doch dazu gleich noch mehr. Zunächst möchte ich Dir verschiedene Risikoelemente vorstellen, die die Wertentwicklung und Auszahlungen Deiner Investitionen beeinträchtigen können. Auf dieser Basis können wir uns anschließend eine solide Strategie zurechtlegen, wie wir diese Risiken so streuen, dass wir am Ende ruhig schlafen und uns an unseren sinnvollen Geldanlagen erfreuen können.

1 Unternehmerisches Risiko
Kurs und Renditen von Projekten oder Aktien werden stark von unternehmensinternen Faktoren (wie Gewinn- oder Umsatzentwicklung) beeinflusst. Dieses Risiko nennt man das unternehmensspezifische Risiko. Du kannst das unternehmensspezifische (unsystematische) Risiko Deines Portfolios durch eine breite Auswahl Deiner Investitionen über viele Anlageklassen und Wertpapiere hinweg reduzieren.

2 Branchenrisiko
Ganz ähnlich verhält es sich mit dem sogenannten Branchenrisiko. In der Regel korreliert die Entwicklung von Aktienkursen der Unternehmen innerhalb einer Branche miteinander. Sie verhalten sich in etwa ähnlich. Das ist nicht weiter verwunderlich, steuern diese Unterneh-

men doch eine ähnliche Zielgruppe an und nutzen ähnliche Lieferanten. Das branchenspezifische Risiko ist somit für uns *Ökoethinvestoren* ganz besonders wichtig. Insbesondere, wenn es um ökologisch-nachhaltige Geldanlagen geht. Diese fokussieren sich häufig auf den Sektor der „Erneuerbaren Energien" (Positiv Screening oder Impact Investing) oder schließen ganze Branchen aus (negative Screening) und verstärken damit die Konzentration der anderen übrigen Branchen innerhalb des Ökoethinvestment-Portfolios.

3 Marktrisiko

Das Marktrisiko, auch systematisches Risiko genannt, beschreibt Risiken, die z. B. durch Zins- und Konjunkturveränderungen oder durch politische Ereignisse hervorgerufen werden. Das Marktrisiko betrifft damit alle Unternehmen (den gesamten Markt) und ist das einzige Risiko, das Du nicht wegdiversifizieren kannst. Dennoch kann es eine Strategie sein, gerade wegen des systematischen Marktrisikos, in nachhaltige Wertpapiere, Unternehmen und Projekte verschiedener Länder zu investieren. Dies kann zumindest einen Teil des nationalen Marktrisikos reduzieren.

4 Währungsrisiko

Damit beschwören wir aber einen weiteren Risikofaktor herauf. Das Risiko von Währungsschwankungen. Dies gilt insbesondere für Fonds und ganz speziell für größere ETFs (z. B. All Country World SRI). Diese werden nicht selten nur in US-Dollar aufgelegt. Nun können Währungen gegenüber dem Euro stärker (Aufwertung) oder schwächer (Abwertung) werden. Und genau das muss unbedingt in Deine Investitionsgleichung einfließen. Schließlich können diese Währungsschwankungen zum einen zusätzliche Verluste generieren, aber auch weitere Ergebnisverbesserungen erzielen. Umgehen lassen sie sich beispielsweise mit währungsgesicherten ETFs. Diese tragen oft den Zusatz „hedged".

5 Liquiditätsrisiko

Liquidität ist einer der vier magischen Investitionsparameter und bezieht sich auf die Handelbarkeit bzw. Umwandelbarkeit von Investitionen in Bargeld. Je einfacher, günstiger und unkomplizierter dies möglich ist, umso höher die Liquidität der Geldanlage. Während beispielsweise Crowdinvestments eine sehr niedrige Liquidität aufweisen, sind Aktien hochliquide. Als *Ökoethinvestoren* steht auch uns mittlerweile die gesamte Palette an Anlageklassen zur Verfügung. Wir sollten dem Liquiditätsaspekt bei unseren Investitionen Aufmerksamkeit schenken, da mein Horizont jedoch ein sehr langfristiger ist, bin ich gerne bereit, Liquidität für mehr Rendite einzutauschen.

Grundsätzliches zu Risiko

Je unabhängiger die verschiedenen Risikofaktoren innerhalb der Werte Deines Portfolios sind, umso geringer wird auch Dein Gesamtrisiko. Je mehr Investitionen in verschiedenartige Anlageklassen, Projekte und Unternehmen Du tätigst, umso niedriger ist selbstverständlich auch Dein Gesamtrisiko. Daher empfehlen die meisten „Börsengurus" das Portfolio, in Abhängigkeit der persönlichen Präferenzen, mit drei Risikoklassen zu füllen:

- 1. Investitionen mit niedrigem Risiko und daher niedriger Rendite
- 2. Investitionen mit moderatem Risiko und moderater Rendite
- 3. Investitionen mit hohem Risiko und hoher Rendite.

Je nachdem, für welche Assetklassen und Produkte Du Dich am Ende entscheidest, wirst Du auch zwischen diesen drei Risikoklassen, anhand Deiner persönlichen Präferenzen (und auch Deines Alters), wählen müssen.

Die Sache mit der Diversifikation

„Sammle deinen Reichtum, ohne seine Quellen zu zerstören,
dann wird er beständig zunehmen."
~ Siddhartha Gautama

Diversifikation zu verstehen ist nicht nur an der Börse, sondern für jedes Geschäftsmodell bedeutsam. Unter Diversifikation versteht man eine Streuung der Investitionen, um damit das Risiko zu reduzieren.

Wie das funktioniert?

Stelle Dir vor, Du musst Deine Apfelernte über den Winter bringen. Packst Du alle Äpfel in einen Korb, reicht ein fauler Apfel, um alle anderen Äpfel anzustecken und damit Deine gesamte Ernte zu vernichten. Wenn Du Deine Äpfel aber in viele verschiedene Körbe legst, tut Dir ein Korb voll fauler Äpfel weniger weh.

Exkursion: Das CAPM von Harry Markowitz
Harry Markowitz zeigte in den 50er Jahren mit seiner Portfoliotheorie die Grundlage für das noch heute gültige „Capital Asset Pricing Model" (CAPM). Es besagt, dass eine höhere Streuung von Risiken zu höheren Renditen bei geringerem Risiko führt. Das Risiko, das hierbei jedoch nicht vermieden werden könne, sei das Markt- bzw. systemische Risiko (auch als „Beta-Faktor" bezeichnet). In einfachen Worten: Auf je mehr Anlageklassen Du Deine Investition aufteilen kannst, umso geringer ist das Risiko. Man spricht von Korrelation bzw. der Abhängigkeit der Entwicklung von Wertpapierkursen. Je ähnlicher sie auf ein- und dasselbe Ereignis reagieren, umso höher die Korrelation (Abhängigkeit). Das erhöht das Risiko im Portfolio (Beispiel: gleiche Branchenzugehörigkeit oder Abhängigkeit vom selben Lieferanten).

Je größer die Anzahl Deiner Anlageklassen und Wertpapiere und je verschiedener, umso geringer ist Dein Risiko, gerade langfristig Geld zu verlieren. Nur das systemische Risiko, dem alle Wertpapiere unterliegen, lässt nicht vermeiden. Das systemische Risiko entsteht zum Beispiel, wenn fiskal- oder finanzpolitische Entscheidungen (z. B. Regulierungen) getroffen werden. Auch Krisen an Finanzmärkten ziehen meist den gesamten Markt in Mitleidenschaft.

Nun habe ich bereits angesprochen, dass Ausschlusskriterien im Rahmen von Negativ-Screenings die Diversifikation erschweren, da nicht nur unzureichend ethisch und/oder ökologisch handelnde Unternehmen, sondern ganze Branchen und Industrien ausgeschlossen werden. Je enger Ausschlusskriterien gefasst werden, umso schwieriger ist es, überhaupt Unternehmen zu finden, die den Kriterien standhalten können. Das schränkt unsere Auswahl ein und erhöht zugleich die Konzentration weniger Branchen oder Unternehmen und damit auch das Risiko. Ähnliches lässt sich auch bei Positiv-Screenings beobachten. Sie schränken nicht selten die Möglichkeiten der Manager zur Gewinnmaximierung ein. Klar, genau deshalb investieren wir ja auf diese Weise, um unverantwortliches Verhalten nicht auch noch zu belohnen. Ich möchte aber auch so ehrlich sein und auf dieses etwaig höhere Risiko durch eingeschränkte Diversifikationsmöglichkeiten hinweisen. Etwas, das wir *Ökoethinvestoren* gerade bei emotionalen Entscheidungen, und das sind ethisch-soziale bzw. ökologisch-nachhaltige Wertanlagen häufig, ganz schnell übersehen.

Auf der anderen Seite möchte ich auch betonen, dass viele der angesprochenen Nachteile in meinen Augen durch die Vorteile einer nachhaltigen Ausrichtung und Unternehmensführung mit langfristigem Planungshorizont aufgewogen werden können.

Die Sache mit der Laufzeit (Anlagehorizont)

„Bald haben wir den Peak everything."
~ Prof. Dr. Elmar Altvater

Der Börsenguru André Kostolany sagte einmal: *„An der Börse sind zwei mal zwei nicht vier, sondern fünf minus eins – und man muss die Nerven haben, dieses minus eins auszuhalten."* Diese Worte klingen einfach und logisch. Ich erlebe aber immer wieder, dass die meisten Privatanleger dennoch gegen diesen Ratschlag verstoßen. Sie lassen sich früher oder später und spätestens dann, sobald das Portfolio ein rotes Minus aufweist, von ihren Gefühlen leiten und realisieren Verluste.

In meinen Augen sollten wir als Privatinvestoren ohnehin die Finger von aktiven Investments am Finanzmarkt lassen. Das heißt, Trading oder Spekulation ist nicht das, womit sich 99 Prozent aller Investoren ein Vermögen aufbauen können. Schließlich treten sie gegen die Goliaths der Finanzwelt an, die sehr viel besser informiert und ausgestattet sind! Da *Ökoethinvestoren* ohnehin klar sein sollte, dass ihre Geldanlagen Zeit brauchen, um wachsen zu können, sind sie in einer guten Ausgangsposition. Sie sollten schwankende Kurse ganz einfach aushalten, möchten sie mit minimalem zeitlichen Einsatz langfristig maximalen Erfolg am Finanzmarkt haben.

Die Geschichte aller Finanz- und Börsenkrisen hat immer wieder gezeigt, dass einem Tief ein Hoch folgt und einem Hoch ein Tief. Heute weiß man sogar, dass es nach größeren Crashs in der Regel ca. drei Jahre dauert, bis sich die Kurse wieder auf das Vorkrisenniveau eingependelt haben und von dort aus neue Höhen anvisieren. Finanzkrisen werden durch emotionales Verhalten und Herdentrieb allerdings häufig verstärkt.

Ich bin nicht nur ein großer Freund von ethisch-sozialen und ökologisch-nachhaltigen Geldanlagen, sondern auch von Automatisierung und Passivierung. Je weniger ich mich um meine Investitionen kümmern und sorgen muss, umso lieber sind sie mir. Das erlaubt mir, meinen zeitlichen Einsatz zu reduzieren und vor allem die notwendige und enorm wichtige emotionale Distanz zu meinen Investments zu bewahren. Ich schaue höchstens einmal monatlich auf die Entwicklung meiner Geldanlagen. Nicht, um Anpassungen vorzunehmen (ich „rebalance" nur einmal jährlich), sondern um mich einfach nur an ihrem Wachstum zu erfreuen.

Wusstest Du das?

Heute bestätigt auch die Finanzwissenschaft, dass der Anlagezeitraum den mit weitem Abstand größten Einfluss auf das Risiko hat. Der Anlageorerfolg hängt bis zu 90 Prozent vom Anlagezeitraum und zu weniger als 2 Prozent vom Investitionszeitpunkt ab. In einfachen Worten: Je langfristiger unser Anlagehorizont, umso weniger Risiko und umso wahrscheinlicher ist es, dass wir am Ende mit einem großen Plus dastehen. Das spielt also gerade dem Investitionsprofil von *Ökoethinvestoren* in die Karten.

Die Sache mit dem Rebalancing

„Wir alle sollten uns um die Zukunft sorgen,
denn wir werden den Rest unseres Lebens dort verbringen."
~ Charles F. Kettering

Anlagezeitraum und Diversifikation sind, wissenschaftlich erwiesen, die mit großem Abstand wichtigsten Investitionsparameter. Die Diversifikation unserer Investitionen erfolgt nicht nur anhand verschiedener Assetklassen, Wertpapapiere, Unternehmen oder Projekte, sondern auch anhand von Risikopräferenzen (niedrig, mittel, hoch). Je nachdem, wie viel Risiko wir einzugehen bereit sind, ändert sich das Verhältnis von risikoärmeren Investitionen (z. B. Sparbriefe, Anleihen oder ETFs) zu risikoreicheren Investitionen (z. B. Aktien, Crowdinvestments oder Projektfinanzierungen). Die Entscheidung bezüglich Deiner Risikopräferenzen sollte eine der ersten Entschlüsse sein, die Du triffst, um Deine Investitionen anschließend entsprechend konsistent zu tätigen.

Investitionen am Finanzmarkt unterliegen Schwankungen. Das führt im Laufe der Zeit dazu, dass einige Investitionen an Wert gewinnen, während andere verlieren. Damit gerät aber auch Deine Risikogewichtung von Assetklassen bzw. den Wertpapieren Deines Portfolios aus dem Gleichgewicht. Genau deshalb empfiehlt es sich, das eigene Portfolio regelmäßig – wenigstens einmal im Jahr – neu zu gewichten. Im Fachjargon nennt man diesen Prozess „Rebalancing".

Es gibt zwei einfache Strategien, das Gleichgewicht im Portfolio wiederherzustellen. Entweder Du kaufst (risikoarme oder risikoreiche) Anteile nach, oder Du verkaufst so viel, bis das gewünschte Risikoverhältnis wiederhergestellt ist. Hat beispielsweise der risikoarme Teil Deines Portfolios an Wert verloren, kannst Du entweder risikoarme Anteile nachkaufen, oder aber risikoreiche Anteile verkaufen – und umgekehrt!

Nachhaltige Geldanlagen – ein Megatrend?

„Zu viele Leute geben Geld aus, das sie nicht verdient haben,
um Dinge zu kaufen, die sie nicht wollen, um Leute
zu beeindrucken, die sie nicht mögen.“
~ Will Rogers

Rendite mit Sicherheit und Nachhaltigkeit zu verbinden lässt immer mehr Menschen aufhorchen. Nachhaltige Geldanlagen mausern sich gerade von einem kaum nachgefragten Nischenprodukt zum Megatrend. Schließlich möchten gerade jene Investoren, die einen langfristigen Planungs- und Anlagehorizont verfolgen bzw. auf lange Sicht nach mehr Sicherheit suchen, von den stabileren Renditen im Sektor nachhaltiger Geldanlagen profitieren. Darüber hinaus bedeutet ein längeres Engagement natürlich auch weniger aktives Trading und damit eine erhebliche Senkung der Transaktionskosten (die sonst über zusätzliche Rendite erstmal wieder wettgemacht werden müssten). Ein zentraler Faktor, weshalb langfristiges Anlageengagement häufig von mehr Erfolg gekrönt ist.

Es springen nicht nur zunehmend mehr Privatanleger mit ökologischer und/oder sozialer Orientierung auf den Zug nachhaltiger Geldanlagen auf. Auch institutionelle Investoren richten Ihren Fokus verstärkt auf Langfristigkeit.

Gründe und Vorteile des Megatrends Nachhaltigkeit

*„Da Konsum nichts anderes ist als ein Mittel zum Glück des
Menschen, sollte das Ziel sein, ein Maximum an Glück mit
einem Minimum an Konsum zu erhalten"
~ Ernst Friedrich Schumacher*

Neben einem zunehmenden Interesse (institutioneller) Investoren an nachhaltigen Finanzanlagen darf der demographische Wandel nicht vergessen werden. Schließlich achten gerade „Millennials", Personen, die zwischen 1980 und 2000 geboren sind, bei ihren Geldanlagen immer mehr auf nachhaltige Kriterien. Das beobachte ich auch in meinem Umfeld, wenn ich auf das Thema hinweise. Im Grunde suchen wir alle nach einer Möglichkeit einen Beitrag zur Nachhaltigkeit zu leisten. Diese Personengruppe wird in den nächsten Jahrzehnten mehr als 20 Billionen Euro Geldvermögen erben. Wie wird diese Generation ihr Geld anlegen? Es ist mehr als wahrscheinlich, dass sie einen unerheblichen Teil ihres Vermögens in nachhaltige Finanzprodukte investieren wird.

Zudem zeichnet sich ab, dass sich immer mehr Frauen in Finanzfragen emanzipieren, ihre Finanzen selbst in die Hand nehmen und Geld anlegen. Außerdem lässt sich auch ein „Empowerment" und eine steigende Zahl von Frauen in Führungspositionen beobachten. Das ist deshalb relevant, weil Frauen grundsätzlich ein deutlich höheres Interesse haben, ihr Geld nach nachhaltigen Kriterien anzulegen. Frauen sind zumeist mehr am Gemeinwohl (Familie oder Gesellschaft) interessiert, als die eher auf Konkurrenz fixierte Männerwelt.

Darüber hinaus muss darauf hingewiesen werden, dass immer mehr vermögende Familien, deren Geldanlage von sogenannten „Family Offices" übernommen wird, auf ökologische und ethisch-soziale Faktoren Wert legen. Für mehr als die Hälfte dieser Investorenschicht besitzen die Faktoren Rendite und Nachhaltigkeit denselben Stellenwert.

Es ist auch damit zu rechnen, dass in absehbarer Zeit von politischer Seite vermehrt regulatorische Entscheidungen getroffen werden. Vor allem der Kampf gegen den Klimawandel sowie regelmäßige Negativschlagzeilen und Skandale (z. B. Arbeitsbedingungen in der Textilbranche) weniger ethisch handelnder Unternehmen, könnten die Politik dazu bewegen, die Gesetzeslage zu verschärfen. Ich halte es für sehr wahrscheinlich, dass Unternehmen und Unternehmensführungen künftig vermehrt in die Pflicht genommen werden. Es ist vorstellbar, dass nachhaltig handelnde und wirtschaftende Unternehmen nicht nur verstärkt gefördert werden, sondern auch, dass Unternehmen mit „Strafen" belegt werden, die nicht an Nachhaltigkeit interessiert sind (z. B. werden Nachhaltigkeitskriterien integriert oder nicht?). Eine Entwicklung, die sich auch im Unternehmens- und Aktienkurswert beider Gruppen niederschlagen wird.

Diese Entwicklungen sind für uns *Ökoethinvestoren* auch aus finanzieller Sicht positiv. Es ist davon auszugehen, dass die genannten Entwicklungen die Nachfrage nach nachhaltigen Wertpapieren und Geldanlagen zukünftig noch mehr befeuern und die Kurse an den Finanzmärkten zusätzlich nach oben treiben werden.

Welche Megatrends gibt es?

„Bei allem, was man tut, das Ende zu bedenken,
das ist Nachhaltigkeit."
~ Eric Schweitzer

Bevor wir gleich in die Praxis eintauchen, möchte ich Dir noch einige Branchen und Sektoren vorstellen, die für den nachhaltigen Megatrend bei Geldanlagen ganz besonders wichtig sind. Das soll Dir bei der ersten Orientierung helfen und Dich später bei der Recherche unterstützen, Deine Investitionen auch über die Sektoren und Branchen hinweg zu diversifizieren, um das etwas höhere Risiko durch die Konzentration auf nachhaltige Finanzanlagen zu reduzieren.

Ich möchte gerne noch einmal betonen, dass nachhaltiges Investieren meiner (natürlich subjektiven) Meinung nach ohnehin mit weniger Risiko verbunden ist. Je nachhaltiger Unternehmen und Organisationen schließlich handeln, umso geringer ist Verlustrisiko in den allermeisten Fällen – insbesondere auf lange Sicht! Unternehmensführungen, die ökologische und soziale Nachhaltigkeit verfolgen, beschäftigen sich häufiger und intensiver mit etwaigen (langfristigen) Risiken und verfügen über einen längeren Handlungsspielraum, da sie von den Interessensgruppen und Anlegern in diesem Handeln unterstützt und häufig sogar bestärkt werden.

Megatrend # 1: Erneuerbare Energien

Die Nutzung erneuerbarer Energien ist in verschiedener Hinsicht von Bedeutung. Mit der Abschaffung von Atomenergie sinkt die Effizienz von Energiegewinnung, allerdings wird zugleich einer Energiegewinnung abgeschworen, die hohe Risiken birgt und deren Endversorgung bis heute nicht geklärt ist. Ähnlich sieht es mit Kohle und Öl aus, die nur höchst ineffizient Energie erzeugen und das nur unter Ausstoß beträchtlicher CO2-Massen. Auch der Sektor Elektromobilität steht bei immer mehr Autoherstellern auf der Agenda. Das fördert alternative Energiegewinnungsformen wie Photovoltaik- oder Windkraftanlagen. Darüber hinaus wird das Feld erneuerbare Energien auch verstärkt von vielen Regierungen in den Fokus genommen und staatlich oder sogar von internationalen Stellen gefördert. Diese Förderungsmaßnahmen lassen neue Unternehmen im alternativen Energiesektor wie Pilze aus dem Boden sprießen. Nicht nur solche, die zu den Energieherstellern zählen, sondern auch jene, die diese Energie nutzen. Die sogenannte Cleantech-Branche nutzt z. B. saubere Umwelttechnologie und möchte die Natur damit vor abträglichen Einflüssen bewahren bzw. diese reduzieren (z. B. E-Mobilität bei Tesla).

Interessante Bereiche und Sektoren in der Branche erneuerbare Energien, die vom Umschwung zu Nachhaltigkeit beeinflusst werden:

- Umweltschonende Mobilität und alternative Antriebsformen
  => z. B. E-Mobilität
- Umweltschonenende Energiegewinnung
  => z. B. Solarenergie, Photovoltaik, Windkraft, Wärme, Biomasse
- Energiesparendes Wohnen
  => z. B. Passivhäuser, Minihäuser, Null-Energie-Häuser, Stroh- oder Hanfhäuser

Megatrend # 2: Ernährung und Versorgung

Auch in der Ernährungsbranche hat sich über die letzten beiden Jahrzehnte Umwälzendes getan. Die Nachfrage nach Lebensmitteln, die biologisch, fair oder regional hergestellt werden, ist explodiert. Noch vor dem Jahr 2000 erhielt man diese Produkte nur im Reformhaus, heute ist es sogar schick und „trendy" geworden! Die sogenannten LOHAS, „Lifestyles of Heath and Sustainability", sind nicht nur eine wachsende Gruppe von Personen, die gesund und nachhaltig leben möchten, sondern gehören auch oft zu den (sehr) gut verdienenden der Gesellschaft.

Darüber hinaus wird in meinen Augen das Thema Wasser das 21. Jahrhundert bestimmen, wie kaum ein anderes. Ohne Wasser kein Leben, aber auch keine industrielle Produktion. Intensivere und ausgedehntere Hitzeperioden, ausgelöst durch den fortschreitenden Klimawandel, werden diese Problematik noch weiter zuspitzen. Trinkwasser könnte in einigen Jahrzehnten zum teuren Luxusgut werden.

Interessante Bereiche und Sektoren in der Branche Ernährung und Versorgung, die vom Umschwung zu Nachhaltigkeit beeinflusst werden:

- Einzelhandel und Gastronomie
  => immer mehr Nachfrage nach regionalen, biologischen und fair gehandelten Lebensmitteln
- Wasserknappheit
  => Wasseraufbereitung und Wasserversorgung

Megatrend # 3: Nachhaltige Wirtschaft

Nachhaltiges Wirtschaften wird meiner Meinung nach schon in absehbarer Zeit auch vom Gesetzgeber verlangt (oder zumindest gefördert bzw. bei Nichteinhaltung bestraft). Jene Unternehmen, die den Weg der Nachhaltigkeit einschlagen, sind an einer ökologisch verträglichen Produktionsweise, sowie am Wohl ihrer Arbeitnehmer, Zulieferer und Kunden interessiert. Somit rücken neben umweltschonenden Produktionsprozessen auch immer mehr ethisch-moralische Anforderungen in den Mittelpunkt vieler Unternehmensführungen. Darüber hinaus suchen auch immer mehr Konsumenten nachhaltig hergestellte Produkte und üben durch ihre Nachfrage Druck auf die Unternehmensführungen aus. Das hat natürlich auch finanzielle Vorteile. Motivierte Arbeitnehmer sind effektiver und produktiver, ökologische Herstellung ist energie- und ressourcenschonender und das Image nachhaltig wirtschaftender Unternehmen ist in der Regel deutlich besser.

Interessante Bereiche und Sektoren in der Branche nachhaltige Wirtschaft, die vom Umschwung zu Nachhaltigkeit beeinflusst werden:

- Umweltschonende Herstellung
  => z,. B. Cradle-to-Cradle, Recycling
- Arbeitnehmerrechte und Zufriedenheit
  => CSR (Corporate Social Responsibility), Betriebsrat, faire Bezahlung, gute Arbeitsbedingungen

„Insgesamt kann man schon sagen, dass Unternehmen mit einer guten Nachhaltigkeitsleistung, insbesondere im Governance Bereich, sich stärker mit ihrem Geschäft und den möglichen äußeren Einflüssen der Zukunft auseinandersetzen. Sie sind im Umgang mit Chancen & Risiken besser vorbereitet, agieren vorausschauender und reagieren schneller bei möglichen Herausforderungen. Deshalb integrieren wir Nachhaltigkeit in unserer Anlagestrategie und schauen dort sehr genau hin. Und zwar nicht nur auf einzelne Auszeichnungen, sondern analysieren konkrete Daten." (Ingo Speich, Head of Sustainability im Portfoliomanagement bei Union Investment)

Megatrend # 4: Wohnen und Bauen

Wir sind uns nur selten bewusst, dass jedes Produkt, das wir konsumieren, erst durch (zum Teil erheblichen) Ressourcenverbrauch entstehen konnte. Gerade in der Baubranche ist der Ressourcenverbrauch enorm! Das gilt nicht nur für private, sondern auch für gewerblich genutzte Immobilien. Auch hier wird - nicht zuletzt aus Kostengründen – umgedacht. Schließlich werden Energie und Ressourcen immer teurer. Darüber hinaus hat auch der demographische Wandel gerade für eine alternde Generation starken Einfluss auf die Zukunft des Wohnens – ebenfalls aus Kostengründen.

Interessante Bereiche und Sektoren in der Branche Wohnen und Bauen, die vom Umschwung zu Nachhaltigkeit beeinflusst werden:

- Umwelt- und ressourcenschonendes Bauen
  => z. B. ökologisches Bauen (Strohhäuser, Minihäuser), Straßen aus recyceltem Material
- Energiesparendes Wohnen
  => Passiv- und Null-Energie-Häuser, Solar- und Photovoltaikdächer

Megatrend # 5: Soziales und Gesundheit

Der fünfte Megatrend, Soziales und Gesundheit, wird im Hinblick auf den demografischen und gesundheitlichen Wandel in unserer Gesellschaft, die Zukunft bestimmen. Nicht nur, dass unsere Gesellschaft immer älter wird, nein, sie vereinsamt auch. Zudem wird die Erhaltung der Gesundheit immer teurer und schon bald zum Luxusgut. Und das bei immer mehr Kranken. Nicht umsonst herrscht in dieser Branche Goldgräberstimmung und Unternehmen schreiben Rekordgewinne!

Interessante Bereiche und Sektoren in der Branche Soziales und Gesundheit, die vom Umschwung zu Nachhaltigkeit beeinflusst werden:

- Soziale Einrichtungen
  => Seniorenheime, Gemeinschaftswohnhäuser, Generationenhäuser
- Alternative Heilmethoden und Medikamente
  => Alternativen zur klassischen Schulmedizin
- Integration
  => Menschen mit Behinderung (integrative Kindergärten und Schulen), Personen mit Migrationshintergrund oder Geflüchtete (Bildung ermöglichen und Arbeitsbeschaffung)

Wie Du siehst, werden diese fünf Megatrends in Zukunft enorme Implikationen auf unser Leben haben. Es ist in meinen Augen nicht abwegig, dass künftig konventionelle Unternehmen in vielen Branchen vermehrt von ethisch-sozial und/oder ökologisch wirtschaftenden Unternehmen ergänzt und letztendlich vielleicht sogar ganz verdrängt werden.

Ökoethinvesting in der Praxis

„Wir sehen, dass eine fast mutwillig selbst gemachte Bankenkrise dazu führt, dass wir Ansätze zur Vermeidung des Ruins des Planeten zurückstellen."
~ Klaus Töpfer

In meinen Büchern lege ich immer großen Wert auf ein solides, theoretisches Fundament. Das ist in meinen Augen die einzige, realistische Grundlage, um später fundierte Anlageentscheidungen treffen zu können. Schließlich ist der Weg in die Praxis alles andere als einfach. Uns stehen eine Vielzahl ökologisch-nachhaltiger und ethisch-sozialer Geldanlagemöglichkeiten zur Auswahl. Je intensiver wir uns im Vorhinein, theoretisch, mit dem Thema beschäftigt haben, umso effizienter und unkomplizierter können wir anschließend spezifische Strategien in der Praxis ein- und umsetzen.

Schließlich lernt man durch hinfallen und immer wieder aufstehen am besten. Je größer unser Erfahrungshorizont wird, umso vorausschauender agieren wir in Zukunft. Je mehr Fehler wir machen, umso größer und steiler ist in der Regel auch die Lernkurve. Daran solltest Du immer wieder denken. Gerade Misserfolge sind vielmehr eine Rückmeldung, es in Zukunft vielleicht etwas anders zu machen.

In diesem Kapitel starten wir daher ebenfalls mit den Grundlagen, bevor ich Dir acht verschiedene, nachhaltige Geldanlagemöglichkeiten vorstelle. Diese werde ich dann auch in den Kontext des magischen nachhaltigen Investmentvierecks stellen.

Vorbereitung für Ökoethinvesting

„Wir leben in einem gefährlichen Zeitalter.
Der Mensch beherrscht die Natur, bevor er gelernt hat,
sich selbst zu beherrschen."
~ Albert Schweitzer

Die meisten Privatanleger sind kurzsichtig. Das ist normal, schließlich ist Geduld nicht unbedingt des Menschen Natur. Geduld ist aber gerade jene Eigenschaft, die bei Geldanlagen besonders gefragt ist. Bei nachhaltig orientierten Geldanlagen vielleicht sogar noch mehr, als bei konventionellen. Daher müssen wir uns zunächst mit Deinen Voraussetzungen und Zielen beschäftigen, bevor wir eine passende Bank und das geeignete Depot auswählen. Anschließend stelle ich Dir zwei interessante Mehrkontenmodelle vor, die Dich dabei unterstützen sollen, Deine Sparbemühungen und Investitionen mit geringerem Zeitaufwand zu bewältigen und zugleich viel einfacher Geduld und emotionale Distanz zu wahren.

Sobald diese Schritte getan sind, kannst Du Dich voll und ganz den verschiedenen Strategien und Anlageprodukten widmen. Ich führe in diesem Buch acht besonders interessante, nachhaltige Geldanlagen auf. Zu beachten ist, dass nicht jede nachhaltige Geldanlage für jeden *Ökoethinvestor* geeignet ist. Einige sind transparenter und erzeugen größeren positiven Einfluss, während andere weniger transparent sind und eine deutlich geringere, soziale und ökologische Wirkung erzeugen. Darüber hinaus unterscheiden sich ihre Liquiditäts-, Risiko- und Renditeprofile zum Teil sehr stark voneinander.

Ich bin überzeugt, dass Du mindestens zwei bis drei nachhaltige Finanzanlagestrategien finden wirst, die Dir sympathisch sind. Damit solltest Du für den Start solide und breit aufgestellt sein.

Deine finanziellen Voraussetzungen und Ziele

Damit Du überlegte Schritte machen kannst, musst Du zuerst eruieren, wo Du stehst und wo Du hin möchtest. Sonst läufst Du los, ohne die Richtung zu kennen, und wirst Dich rasch verirren. Mir ist klar, dass man dieses Thema auf ein ganzes Buch ausbreiten könnte. Daher möchte ich Dir zur Klärung lediglich ein paar Fragen stellen, deren Antworten genügen sollten, um erste fundierte finanzielle Entscheidungen treffen zu können. Das sollte ausreichen, um jene Strategien auszuwählen, die für Deine persönliche Situation am meisten Sinn machen.

Die Fragen bauen aufeinander auf. Nimm Dir für die Beantwortung daher bitte einige Minuten Zeit und notiere sie, bevor Du weiterliest.

1. Möchtest Du mit Deinen Investitionen eher Vermögen oder passives Einkommen aufbauen?
2. Wie viel?
3. In welchem Zeitraum?
4. Wie hoch ist Dein aktives Einkommen?
5. Generierst Du bereits passives Einkommen? Wie viel?
6. Hast Du bereits ein (kleines) Vermögen oder bist Du verschuldet?
7. Welchen Prozentsatz Deines Nettoeinkommens kannst Du monatlich sparen? Falls Du verschuldet bist, solltest Du zu allererst damit Deine Schulden bedienen und den Betrag, der übrig ist, investieren.
8. Wie viel ist das und genügt es, um damit Dein Ziel (Punkt 2) im Zeitraum (Punkt 3) erreichen zu können?
9. Wenn nicht, kannst Du Deine Ausgaben senken, Deine Spar-/Investitionsquote erhöhen oder mehr Geld verdienen? Womit konkret?

Die Antworten auf diese aufeinander aufbauenden Fragen sollten Dir einen realistischen Orientierungspunkt, Sicherheit und Richtung geben. Du weißt jetzt, wo Du stehst und wo Du hin möchtest. Jetzt musst Du es „nur" noch umsetzen. Aber mit welcher Bank?

Die richtige Bank

Nicht alle Banken und Depotanbieter (Broker) sind gleich. Einige sind mehr, andere weniger nachhaltig eingestellt. Wirklich nachhaltige *Öko-ethinvestoren* müssen daher im ersten Schritt auf die Philosophie der Bank und/oder des Brokers achten. Dabei sollte Dir bewusst sein, dass einige der genannten Banken Mitglied des genossenschaftlichen Verbands der Sparkassen und Raiffeisenbanken sind. Meiner Meinung nach ist das gerade im Hinblick auf die Verwendung Deines Geldes positiv. Kreditvergaben an Waffenhersteller, Massentierhalter oder AKW-Betreiber, wie es doch mittlerweile bei vielen Geschäftsbanken üblich geworden ist, lassen sich bei nachhaltigen Banken nicht finden. Nachfolgend ein erster Eindruck, nach welchen ökologischen, ethischen und sozialen Standards einige Banken arbeiten. Auch hier bitte ich Dich, zusätzlich eigene Informationen einzuholen. Die Organisation „Facing Finance" gibt beispielsweise regelmäßig ihren Bericht „Dirty Profits" heraus, der sehr kritisch herausarbeitet, in welche Projekte und Unternehmen die großen Geschäftsbanken investieren.

Dir sollte aber auch klar sein, dass Banken mit nachhaltiger Orientierung in vielen Fällen Kontoführungs- bzw. Depotverwaltungsgebühren verlangen. Diese sind mit maximal 50€ im Jahr zwar akzeptabel, mindern aber die Rendite Deiner Investitionen gegenüber einem kostenlosen (Online-)Girokonto bzw. Broker. Auch die Tagesgeldzinsen sind bei diesen Banken eher mickrig. Auf der anderen Seite sind nachhaltige Banken viel transparenter, was die Verwendung ihrer Gelder angeht. Wir erhalten klare Aussagen, welche Anlagemöglichkeiten und Kreditnehmer hinsichtlich Rendite, Risiko, Liquidität und Nachhaltigkeit überhaupt in Betracht gezogen werden.

Für den Start habe ich Dir die vier größten und erfolgreichsten nachhaltigen Banken in Deutschland herausgesucht. Ich möchte sie Dir zunächst kurz vorstellen und anschließend miteinander vergleichen.

1 GLS Bank

Die GLS Bank gilt als die erste sozial und ökologisch orientierte und wirtschaftende Bank Deutschlands (seit 1974). Gegenüber anderer Nachhaltigkeitsbanken hat sie mehrere Filialen in großen deutschen Städten. Filialbanken erheben in der Regel gegenüber Direktbanken höhere (Kontoführungs-)Gebühren. Das gilt auch für die GLS Bank. Sie ist eine Genossenschaftsbank, was in problematischen ökonomischen Zeiten ein großer Vorteil sein kann. Außerdem kann man als Mitglied an 20.000 Geldautomaten der Volks- und Raiffeisenbanken sowie der Sparda-Bank kostenlos Geld abheben. Das Geld der Sparer wird in Form von Krediten an ökologische und soziale Projekte vergeben. Die GLS Bank verfügt über ein breites Angebot für nachhaltig orientierte Investoren. Angeboten werden Girokonten, Sparkonten, eine Vielzahl nachhaltiger Geldanlageprodukte sowie ein Depot für Wertpapiere.

2 Ethikbank

Die Ethikbank wurde erst 2002 als Zweigniederlassung der Volksbank Eisenberg gegründet. Sie ist eine (online-)Direktbank, verfügt also über keine Filialen. Da sie jedoch an das Netzwerk der deutschen Genossenschaftsbanken angeschlossen ist, kann man als Kunde ebenfalls an allen Volks-, Raiffeisen- und Sparda-Banken kostenlos Geld abheben. Die Ethikbank bietet neben einem Girokonto auch kurz- und langfristige Geldanlagen, ein Depot, Altersversorgungsprodukte sowie sogenannte Ökokredie für Privatpersonen an. Finanziert werden ausschließlich „ökologisch und sozial sinnvolle Maßnahmen" (wie z. B. ökologische Bauprojekte oder E-Mobilität).

3 Triodos Bank

Die Triodos Bank ist eine niederländische Direktbank mit Niederlassung in Deutschland. Sie gilt als Europas führende nachhaltige Bank. Mit mehr als 600.000 Kunden ist sie in jedem Fall die kundenstärkste. Als Kunde erhält man eine Kreditkarte, mit der man an allen 65.000 Geldautomaten mit dem Mastercard-Zeichen in Deutschland kostenlos Geld abheben kann. Die Triodos-Bank vergibt zwar keine Kredite an Privatkunden, bietet aber neben dem Girokonto diverse nachhaltige Geldanlageinstrumente, wie z. B. Fondssparen, an.

4 Umweltbank

Die vierte nachhaltige Direktbank sitzt in Nürnberg. Die Umweltbank, auch bekannt als Ökobank, ist auf die Förderung von Umweltprojekten spezialisiert. Bei der Umweltbank kann man zwar kein Girokonto eröffnen, *Ökoethinvestoren* stehen dafür aber eine ganze Reihe ökologischer Anlageprodukte zur Verfügung. Darunter Spar- und Tagesgeldkonten, Sparbriefe, Fondssparpläne, Umweltaktien und weitere.

Vergleich der besten Nachhaltigkeitsbanken

Auf der nächsten Seite siehst Du einen Direktvergleich der derzeit, in meinen Augen, vier besten Nachhaltigkeitsbanken. Ich persönlich habe einen Hybridweg gewählt. Meine Geschäftskonten habe ich bei der GLS Bank. Zudem habe ich ein privates Konto bei der Triodos-Bank. Dort führe ich ein Giro- und Tagesgeldkonto und bespare Triodos-Fonds. Darüber hinaus habe ich auch ein Konto bei der DKB, um auf meinen Reisen im Ausland kostenlos Bargeld abheben zu können. Last but not least habe ich mittlerweile auch ein Depot beim Onlinebroker Onvista, um nachhaltige ETFs besparen und nachhaltige Aktien kaufen zu können.

Es gibt noch eine ganze Reihe weiterer interessanter, nachhaltiger Banken. Bei Interesse bitte ich Dich, hier selbst Nachforschungen anzustellen. Schließlich unterscheiden sich die Leistungsumfänge und Gebühren zum Teil erheblich. Dazu zählen:

- KT Bank
- Steyler Bank
- ProCredit Bank
- Pax Bank
- Kommunalkredit Invest
- Bank für Kirche und Diakonie

Nachhaltige Banken im Vergleich: Stand 07/2018	GLS-Bank	Ethikbank	Triodos Bank	Umweltbank
Kundenzahl	48.400	3.800	ca. 650.000	k. A.
Bilanzsumme (in Mio. Euro)	5.050	400	9.900	3.500
Girocard/ Kreditkarte	Ja, 15€ pro Jahr / Ja, 30€ pro Jahr	Ja, 15€ pro Jahr / Ja, 35€ pro Jahr	Ja, 15€ pro Jahr / Ja, 30€ pro Jahr	kein
Gebühren für Kontoführung?	3,80€/Monat (+ 5€ Monatsbeitrag)	8,50€/Monat	4,50€/Monat	kein
Zinssatz (p. a.) bei Tagesgeldkonto	0,00%	0,00% (Zinskonto)	0,05% (bis 100.000€)	0,025% (bis 100.000)
Depot / Kosten	Ja / 0,119% (Depotvolumen)	Ja / 0,25% (Depotvolumen)	Triodos-Fonds kostenlos	Ja / 0,125% (Depotvolumen)
Sparprodukte	Sparkonto, Sparbrief, Sofortrente, Projektsparbrief	Sparbrief, BonusPlus, RentePlus	Festzinssparen, Sparplan, Bürgersparen	UmweltSparbuch (Extra), UmweltSparbrief, UmweltSparvertrag
Investmentprodukte	Aktienfonds, Klimafonds, Mikrofinanzfonds, GLS Anteile, Crowdinvesting	Fair World Fonds, Wachstumszertifikat	Fondssparpläne	Umweltbank Aktien / Anleihen, Umweltfonds, Fondssparpläne
Einlagensicherung?	Deutsche gesetzliche Einlagensicherung	Deutsche gesetzliche Einlagensicherung	Niederländische Einlagensicherung	Deutsche gesetzliche Einlagensicherung

Depot, aber wo?

Wenn Du am (nachhaltigen) Finanzmarkt investieren möchtest, brauchst Du ein Depot. Aktien, Anleihen oder Fonds lassen sich nur über einen Broker erwerben und in einem Depot verwalten. Allerdings kannst Du auch ohne Depot ökologisch-nachhaltig und ethisch-sozial investieren. Dafür müsstest Du aber auf oben genannte Geldanlageinstrumente verzichten und Dich entweder auf gering verzinste Sparkonten oder Impact Investing via Crowdinvesting und Projektfinanzierungen konzentrieren. Das hätte jedoch mehr Gesamtrisiko in Deinem Portfolio bei weniger Rendite zur Folge – aus finanzieller Sicht eine schlechte Idee. Wenn Dir die Depotverwaltung bei einer nachhaltigen Bank zu teuer ist, gibt es eine Alternative.

Ich habe Dir im vorigen Kapitel bereits meine persönliche Kontenstruktur vorgestellt. Wenn Du alle Geldanlagemöglichkeiten in Anspruch nehmen willst, kannst Du es ja so ähnlich machen. Damit gelingt es Dir, wie mir, das beste von allen Welten zu vereinen.

Schritt 1: Ein Girokonto bei einer nachhaltigen Bank für Ausgaben und von wo Du Deine nachhaltigen Investitionen sowie Spareinlagen steuerst
Schritt 2: Ein nachhaltiges Tagesgeldkonto (Sicherheitspuffer)
Schritt 3: Ein Depot bei einem Onlinebroker

Mit dieser Aufteilung machst Du vom Prinzip des Mehrkontenmodells Gebrauch und verfügst zudem über viel Spielraum für nachhaltige Investments. Die Depotauswahl ist jedoch alles andere als einfach. Auf www.geldsystem-verstehen.de/finanziell-frei-werden kannst Du Dir einen Depotvergleich herunterladen. Schließlich ist das passende Depot von einer Vielzahl von Faktoren abhängig. Für mich sind eine günstige Gebührenstruktur, kostenlose Depotverwaltung um Transaktions- und laufende Kosten gering zu halten, sowie ein breites ETF-Sparplanangebot Grundvoraussetzungen. Ich habe daher den Onlinebroker Onvista gewählt. Bekannt für Nachhaltigkeit ist dieser jedoch nicht.

Bevor es losgeht: Mehrkontenmodell und Sparquote

Ein Mehrkontenmodell ist das ultimative Tool, damit ich mit minimalem zeitlichen Aufwand maximalen finanziellen Return erzielen kann. Mein Tipp: Je stärker Du Deine Geldbewegungen automatisieren kannst, umso besser. Schließlich erhöhst Du damit den Passivierungsgrad. Je höher der Passivierungsgrad, umso weniger Zeit musst Du Monat für Monat aufwenden, um Deine Investitionen auszuführen. Das steigert wiederum Deinen passiven Stundenlohn. Ein Aspekt, den viele Trader und aktive Investoren häufig vollkommen vernachlässigen.

Dein Gehalt/Einkommen landet auf Deinem nachhaltigen Konto. Dein Ziel sollte es sein, mindestens 20 Prozent davon zu sparen. Warum, erkläre ich Dir gleich. Bitte denke auchdaran, Freistellungsaufträge für den Sparerpauschbetrag einzurichten (Tagesgeld-, Sparkonto und Depot – überall wo Du Zinsen erhältst). Die Struktur meines Mehrkontenmodells ist denkbar einfach.

1. Per Dauerauftrag geht ein Teil auf mein nachhaltiges Tagesgeldkonto (5%)

2. Per Dauerauftrag geht ein weiterer Teil auf das Verrechnungskonto meines Depots (15%).

Wann soll ich sparen und warum ausgerechnet 20 Prozent?
Bezahle Dich, also Deinen Spar- bzw. Investitionsbetrag, am Monatsanfang. Nur so funktioniert sparen ohne größere Anstrengungen. Schließlich lässt Du Dir gar keine andere Möglichkeit, als den Rest des Monats mit einem kleineren Budget auszukommen.

Ein ambitionierter Richtwert sind 20 Prozent Deines monatlichen Netto-Einkommens. Ich weiß, viel Geld!

Aber jedes Prozent mehr, heißt zugleich weniger Wartezeit auf die finanzielle Freiheit. Die Zahl von 20 Prozent kommt – aufgerundet von ursprünglich 16,67 Prozent – vom US-amerikanischen Professor Wade

Pfau. Pfaus Theorie: Multipliziert man seine jährlichen Ausgaben mit 25, kann man von diesem Betrag anschließend 30 Jahre lang 4 Prozent pro Jahr abheben und verkonsumieren. Ein ausgeklügeltes Rentenmodell, das sich an der Summe Deiner Ausgaben orientiert und damit erhebliche Implikationen für das eigene Konsumverhalten hat. Gibst Du jährlich beispielsweise 10.000€ aus, brauchst Du ein Vermögen von 250.000 Euro, um davon 30 Jahre lang leben zu können (4 Prozent pro Jahr sind wiederum 10.000 Euro – Deine jährlichen Ausgaben).

Deine Sparrate muss sich somit an Deinen Ausgaben orientieren. Je mehr Du ausgibst, umso höher Dein Lebensstandard und umso mehr Geld musst Du auch ansparen, um später nicht plötzlich inmitten eines finanziellen Alptraums aufzuwachen. Für die meisten Menschen ist daher ein Sparbetrag von 20 Prozent ein durchaus realistischer Wert.

Mit diesen Voraussetzungen bist Du jetzt bereit, Dich mit den acht nachhaltigen Anlagestrategien vertraut zu machen.

Strategie # 1: Die Klassiker Tagesgeld, Festgeld und Sparbrief

„Alles, was gegen die Natur ist,
hat auf die Dauer keinen Bestand."
~ Charles Darwin

Wie Du weißt, bewegen wir uns als clevere *Ökoethinvestoren,* immer zwischen den Kriterien Nachhaltigkeit, Rendite, Sicherheit und Liquidität – also innerhalb unseres magischen Anlagevierecks. Ein gewisses Liquiditätspolster ist jedoch zwingend und wichtig, um finanziellen Unwägbarkeiten sorgenfrei begegnen zu können. Der deutsche Staat garantiert die Einlagen der Sparer durch das sogenannte Einlagensicherungssystem (ob es im Härtefall – einem sogenannten Bank Run – jedoch standhält, bezweifle ich persönlich. Für Spareinlagen ist vor allen Dingen das Vertrauen der Menschen wichtig).

Gerade wenn Du ein hohes Sicherheitsbedürfnis hast und Liquidität suchst, sind Spar- und Festgeldeinlagen bei einer nachhaltigen Bank praktikable Optionen. Auf der anderen Seite muss Dir klar sein, dass sich Deine Rendite an den Zinsen des Kapitalmarkts orientieren und Stand Mitte 2018 auf Nullniveau verharren. Gerade in Niedrigzinszeiten ist damit daher leider kaum attraktiver finanzieller Gewinn zu erzielen. Die Nettorendite Deiner Anlagen sollte aber zumindest die Inflationsrate übersteigen. Je höher die Inflationsrate, umso höher muss Deine Rendite sein. Nur so kannst Du einen etwaigen realen Kaufkraftverlust – trotz Geldanlage – vermeiden. Die auf Kapitalerträge über dem Sparerpauschbetrag anfallenden Steuern sind hier noch gar nicht berücksichtigt!

Ich persönlich besitze weder ein Festgeld- noch ein Sparkonto. Ich nutze lediglich ein Tagesgeldkonto, das neben einem Sicherheitspolster von 3 Monatsgehältern, monatlich mit 5 Prozent meines Nettoeinkommens bespart wird. Mit einem Sicherheitspolster von drei Monatsgehältern sichere ich mich vor finanziellen Unwägbarkeiten und unvorhersehbaren finanziellen Verpflichtungen (z. B. Autoreparatur) ab. Der zusätzliche Sparbetrag von 5 Prozent dient meiner finanziellen Freiheit und wird von mir niemals angefasst. Deshalb nenne ich es auch mein Freiheitskonto. Wenngleich gering, so verzinst sich die kumulierte Summe doch kontinuierlich und ich erfreue mich an ihrem stetigen Wachstum. Das ist nicht zuletzt für mein Geldgefühl und auch meinen „Mindset" wichtig.

Tagesgeld

Ein Tagesgeldkonto ähnelt einem variabel verzinsten Girokonto. Die Zinsen passen sich dem Geldmarkt an. Tagesgeld ist hochliquide und daher sehr gut als Konto für Sicherheitspuffer und Barreserven geeignet. Du kannst auf Dein Guthaben jederzeit zugreifen. Außerdem musst Du Dir – im Gegensatz zu beispielsweise Festgeldkonten – keine Gedanken um etwaige Kündigungsfristen machen.

Ein Tagesgeldkonto kann allerdings nicht für den alltäglichen Zahlungsverkehr genutzt werden. Du musst Dein Geld immer erst auf ein Referenzkonto zurücküberweisen, um darüber verfügen zu können. Für mich aber ein Vorteil, gar nicht erst in Versuchung zu kommen, mein Freiheitskonto anzugreifen. Nachhaltige Tagesgeldkonten im Vergleich:

Bank (Tabelle Stand 08/2018)	Zinsen p.a.	Gutschrift der Zinsen	Zins gilt bis Einlage von Euro
GLS Bank	0%	Vierteljährlich	100.000 €
Ethikbank	0%	Vierteljährlich	Unbegrenzt
Triodos Bank	0,05%	Vierteljährlich	100.000 €
Umweltbank	0,025%	Monatlich	100.000 €
Kommunalkredit Invest Tagesgeld	0,31%	Vierteljährlich	100.000 €
ProCredit Bank	0,1%	Jährlich	9,95 Mio. €

Kurze Anmerkung: Je häufiger Zinsen gutgeschrieben werden, umso, besser ist das für die Akkumulierung über den Zinseszins durch Thesaurierung. Thesaurierung ist die Wiederveranlagung von Zinsen oder Dividenden.

Festgeld

Bei Festgeldanlagen kannst Du – im Gegensatz zu Tagesgeld – nicht täglich über Deine Gelder verfügen. Dafür bieten viele nachhaltige Banken einen höheren Zinssatz bei festen Laufzeiten von in der Regel 3 bis 12 Monaten – aber auch bis zu 10 Jahre sind möglich.

Bei einer Festgeldanlage erhältst Du später eine vorher festgelegte Summe zu einem zu Beginn festgelegten Termin ausbezahlt. Deine Anlagesumme wird kontinuierlich, meist jährlich, zu einem festgelegten Zinssatz verzinst und am Ende (mit Zins- und Zinseszins) zurückbezahlt. Der Zinssatz ist also im Gegensatz zum Tagesgeldkonto nicht variabel, sondern fixiert. Nachhaltige Festgeldkonten im Vergleich:

Bank (Tabelle Stand 08/2018)	Zinsen p.a.	Mindestlaufzeit in Monaten	Mindesteinlage in Euro	Einlagensicherung in Euro
GLS Bank (Sparbrief)	Bis zu 0,7%	36	1.000€	100.000€
Ethikbank	0%	1	5.000€	Unbegrenzt
Triodos Bank	0,8%	3	500 €	100.000€
Umweltbank	Nicht im Angebot!	----------	----------	----------
Steyler Bank	0,65%	1	5.000 €	2,97 Mio. €
ProCredit Bank	0,4%	12	5.000 €	9,95 Mio. €
Kommunalkredit Invest Festgeld	1,8%	6	1 €	100.000 €
KT Bank	1,35%	6	10.000 €	100.000€

Bei Festgeldkonten werden Deine Zinsgewinne automatisch thesauriert – also wieder angelegt. Dadurch profitierst Du auch hier vom Zinseszins.

Sparbuch und Sparbriefe

Sparkonten sind häufig etwas besser verzinste Tagesgeldkonten. Jedoch mit dem Unterschied, dass häufig nur eine bestimmte Teilsumme, z. B. 2.000€ pro Monat, verfügbar ist. Zudem ist das Sparkonto mit einer Kündigungsfrist belegt, möchte man an eine größere Summe bzw. den ganzen Betrag liquidieren.

Sparbriefe hingegen haben feste Laufzeiten bei variablen Zinsen. Während der Laufzeit von bis zu 20 Jahren kann man nicht über das Geld verfügen. Sparbriefe werden zudem entweder jährlich verzinst und die Zinsen ausbezahlt, oder die Zinsen werden thesauriert und am Ende der Laufzeit ausbezahlt (meist höhere Rendite).

Bank (Tabelle Stand 08/2018)	Zinsen p.a.	Mindestlaufzeit	Mindesteinlage in Euro	Zinsgutschrift	Einlagensicherung in Euro
GLS Bank (Sparkonto)	0%	Kein	1€	Jährlich	100.000€
GLS Bank (Projektsparbrief)	0,3%	5 Jahre	1.000€	Jährlich (werden gespendet)	100.000€
Ethikbank	0%	1 Jahr (bis 10 Jahre)	2.500€	Jährlich oder am Ende der Laufzeit	Unbegrenzt
Triodos Bank (Sparplan)	bis zu 12%	5 Jahre (bis 20 Jahre)	25€/Monat	Jährlich	100.000€
Umweltbank (Umweltsparbuch)	0,03%	Kein	500€	Jährlich	100.000€
Umweltbank (Umweltsparbrief)	Bis zu 1,25%	1 Jahr (bis 20 Jahre)	500€	Am Ende der Laufzeit	100.000€
Umweltbank (Umweltsparvertrag)	0,05%	Kein (bis 20 Jahre)	25€/Monat	Am Ende der Laufzeit	100.000€
Pax-Bank	Bis zu 0,4%	1 Jahr (bis 5 Jahre)	500€	Jährlich	100.000€

Wenn Du auf sichere Weise monatliche Beträge sparen möchtest, ist ein Sparkonto nach wie vor keine schlechte Idee. Leider ist es in Niedrigzinszeiten aber finanziell gesehen kaum attraktiv, weil damit nicht einmal die Inflation ausgeglichen werden kann.

Strategie # 2: Nachhaltige Anleihen

„Die Menschen von heute wollen aber nicht nur ökologische
Nachhaltigkeit, sondern auch Partizipation, soziale Gerech-
tigkeit, kulturellen Respekt, Resilienz im Fall einer Krise.
Wer dem Klimaschutz Vorrang vor allen anderen Interessen
einräumen möchte, klingt verdächtig wie ein Förster, der al-
les Heil bei den Fichten sucht."
~ Frank Uekötter

Anleihen unterscheiden sich vom Prinzip her gar nicht so sehr von einer Festgeldanlage. Schließlich „verleihst" Du auch hier Dein Geld für eine feste Laufzeit an Staaten oder Unternehmen, die sich über den Kapitalmarkt mittels Fremdkapital finanzieren wollen. Du nimmst also die Position des Gläubigers ein und nicht des Miteigentümers (wie z. B. bei Aktien). Du hast somit z. B. kein Mitspracherecht bei Hauptversammlungen. Für Dein eingesetztes Kapital erhältst Du Zinsen, die entweder variabel sind oder vorher festgeschrieben werden. Die Rückzahlung erfolgt in der Regel am Ende der Laufzeit. Um vom Zinseszins-Effekt zu profitieren, musst Du die Zinsen also selbst wiederveranlagen (thesaurieren). Da es sich bei einer Anleihe aber um ein Wertpapier handelt, unterliegt es – in Abhängigkeit vom Geldmarktzins – Kursschwankungen. Der Zusammenhang ist einfach:

* Kapitalmarktzins fällt
  => Kurs Deiner Anleihen steigt, weil das Wertpapier höher verzinst wird, als neu emittierte Wertpapiere
  => Deine Rendite steigt
* Kapitalmarktzins steigt
  => Kurs Deiner Anleihen fällt, weil das Wertpapier geringer verzinst wird, als neu emittierte Wertpapiere
  => Deine Rendite sinkt

Du siehst, dass bei Anleihen, im Gegensatz zu Festgeldanlagen oder Sparbriefen, der Kapitalmarktzins als weiterer Faktor eine wichtige Rolle spielt und eine Quelle zusätzlicher Gewinne oder Verluste darstellt.

Nun unterscheidet man am Anleihenmarkt in der Regel zwischen Staatsanleihen und Unternehmensanleihen. Zur Freude des *Ökoethinvestors* haben sich mittlerweile Ansätze und Standards durchgesetzt, die die entsprechenden Staaten oder Unternehmen auf ökologische und ethisch-soziale Nachhaltigkeitsfaktoren überprüfen und bewerten.

Staatsanleihen

Staaten finanzieren sich zum großen Teil über Steuern. Die Refinanzierung erfolgt jedoch am Kapitalmarkt über Staatsanleihen. Staatsanleihen, auch Bonds genannt, sind Wertpapiere, die der Staat als Schuldner (Emittent) auflegt. Der Gläubiger wird für die vorübergehende Überlassung seiner Gelder mit einem Zins vergütet. Die Laufzeiten von Staatsanleihen können sich von wenigen Monaten bis mehrere Jahrzehnte erstrecken. Je länger die Laufzeit, umso besser die Verzinsung.

Staatsanleihen gelten als eine der sichersten Papiere am Finanzmarkt, da man in der Wirtschaftswissenschaft nach wie vor davon ausgeht, dass Staaten in Konkurs gehen können. In der Praxis ist diese Theorie umstritten, weil Staatspleiten vielmehr die Regel als die Ausnahme sind. Staatsanleihen sind zwar risikoarme Wertpapiere, aber auch sie können durchaus zum Totalverlust werden! In Niedrigzinszeiten werden gerade die als besonders sicher geltenden Staatsanleihen kaum oder gar negativ verzinst (z. B. Deutsche Staatsanleihe im Jahr 2016).

Im Rahmen meiner Recherchen konnte ich die „Oekom Research AG" als besonders gute und vertrauenswürdige Adresse einstufen. Im Rahmen des sogenannten „Oekom Country Rating", werden Länder nach etwa 100 ökologischen und sozialen Kriterien bewertet. Es werden sowohl Positiv-Screening als auch Ausschlusskriterien herangezogen.
Die Hauptpunkte des Positiv-Screenings sind:

- **Soziales:** Politisches System und Regierungsführung, Korruption, Geldwäsche, politische Stabilität, Menschenrechte und Freiheit, Diskriminierung, Genderpolitik, Rechtssystem, Gesundheit, Bildung, Arbeit
- **Umwelt:** Landnutzung, Biodiversität, Wasser, Klimawandel, Energie, Landwirtschaft, Industrie, Transport, privater Konsum

Die wichtigsten Ausschlusskriterien sind:

- **Soziales:** Autoritäres Regime, Kinderarbeit, Korruption, Todesstrafe, Diskriminierung, Euthanasie, Vereinigungsfreiheit, Presse- und Redefreiheit werden missachtet, Militärbudget, Geldwäsche, Besitz von Nuklearwaffen, Verstoß gegen Menschen- und Arbeitsrechte
- **Umwelt:** Anteil von Nuklearenergie am Energiemix, Bau neuer Kernkraftwerke, Nichteinhaltung der internationalen Konventionen zum Klimaschutz, Walfang

Besonders viele Rankings sind, Stand Mitte 2018, bei Staatsanleihen vorzufinden. Ein aktuelles Rating (auch für Unternehmen) erhältst Du übrigens ohne weiteres direkt von der Oekom Research AG mit einer E-Mail an info@iss-oekom.com. Vor einigen Jahren belegten z. B. die USA mit Rang 36, China auf Platz 46, Russland 47 und Indien 48 belegen beim Nachhaltigkeitstest die hinteren Plätze.

Ein ähnliches Ranglistenverfahren führt die Zürcher Kantonalbank durch. Auch hier werden ökologische, soziale und Governance Faktoren analysiert und im Rahmen eines Benotungssystems (maximal 10 Punkte) vergleichbar gemacht.

Rang	Land	Punkte
1	Schweden	9,4
2	Schweiz	9,2
3	Norwegen	8,9
4	Dänemark	8,6
5	Niederlande	8,1
6	Österreich	7,9
7	Deutschland	7,6
8	Großbritannien	7,2
9	Finnland	7,1
10	Island	6,9
18	Japan & Frankreich	6,2
44	China	4,6
48	Brasilien	4,3
55	Russland	3,8
56	Indien	3,7
61	USA	3,2
66 (letzter)	Bahrain	2,9

Quelle: Zürcher Kantonalbank (Nachhaltigkeitsrating für Staaten 2017).

Mir war zwar vorher durchaus klar, dass die USA nicht das nachhaltigste Land der Welt ist, es hat mich aber dennoch überrascht, sie fast auf dem letzten Platz zu finden. Mein Vertrauen schenke ich nur den ersten 5 Staaten, wenn man überlegt, wie stark Deutschland beispielsweise in Rüstungsimporte involviert ist.

Unternehmensanleihen

Unternehmen, die sich über Fremd- und nicht über Eigenkapital zu finanzieren versuchen, greifen häufig zu Unternehmensanleihen. Nun ist es aber alles andere als einfach, innerhalb der Unternehmen die Spreu vom nachhaltigen Weizen zu trennen. Auch hier hilft die Oekom Research AG mit ihrem Bericht (Oekom Corporate Rating). Ein Bericht, der in meinen Augen nicht nur für die Einstufung von Unternehmensanleihen interessant ist, sondern sich auch für die Überlegung von Aktienbeteiligungen eignet.

Auch hier wird durch eine Kombination von Positiv-Screening und Ausschlusskriterien geprüft und gerankt.

Anhand von über 100 Kriterien wird positiv gescreent und mittels Ausschlusskriterien gearbeitet. Die Positivkriterien beziehen sich im sozialen und Governance-Bereich auf:

- **Mitarbeiter und Zulieferer:** Vereinigungsfreiheit, Chancengleichheit, Gesundheit, Sicherheit, Work-Life Balance, Bezahlung, Weiterbildung, Regeln und Unterstützung für Zulieferer, etc.
- **Gesellschaft und Produktverantwortung:** Menschenrechte, Gemeinschaft, Beziehungen mit Regierungen, Dialog mit Interessensvertretern, verantwortliches Marketing, Datenschutz, Produktsicherheit, sozialer Einfluss des Produktportfolios
- **Unternehmensführung und Ethik:** Unabhängigkeit des Aufsichtsrats, nachhaltige Unternehmensführung, Vergütung der Geschäftsführung, Offenlegung der Anteilseigner, Unternehmensethik

Im Umweltbereich sind folgende drei Hauptkriterien von Bedeutung:

- **Umweltmanagement:** Umweltmanagementsystem, Energiemanagement, Klimawandel, Wasserverbrauch und Risiko, Transport, Umweltmanagement innerhalb der Wertschöpfungskette, grüne Beschaffung

- **Produkte und Dienstleistungen:** Umwelteinfluss des Produktportfolios, Biodiversität, Ressourcenverbrauch und -umgang, Produktlebenszyklus, Materialeffizienz, besorgniserregende Substanzen, Energieeffizienz der Produkte, Verpackung
- **Umwelteffizienz:** Energieeffizienz, Wassereffizienz, Materialeffizienz, CO_2 Ausstoß, Müllproduktion, Luft- und Wasserverschmutzung

Darüber hinaus wird durch ISS-Oekom aber auch ein hartes Negativ-Screening in ethisch kontroversen Geschäftsfeldern und Geschäftspraktiken durchgeführt. Dazu zählen unter anderem:

- **Kontroverse Geschäftsfelder:** Abtreibung, Alkohol, Tierversuche, Embryoforschung, Glücksspiel, Militär, genmanipulierte Lebensmittel, Kernenergie, Pornographie, Pestizidindustrie, gewalttätige Videospiele
- **Kontroverse Geschäftspraktiken:** Menschenrechte, Arbeitnehmerrechte, Umweltpraktiken, Verstoß gegen Berufsethos

Auf der Grundlage dieser Kriterien ergibt sich ein interessantes Ranking der Unternehmen, das ebenfalls bei der ISS-Oekom AG angefragt werden kann. Ich darf es hier leider nicht darstellen.

Die nachhaltige Bond-Ladder

Anleihen sind relativ einfache Geldanlageinstrumente. Bevor wir jetzt blind loslaufen, ist es wichtig, dass wir uns neben dem Faktor Nachhaltigkeit auch Gedanken über Rendite, Risiko und Liquidität machen. Während Du das Anleihenrisiko relativ gut anhand der Rendite ablesen kannst, möchte ich Dich zudem mit der Strategie der Zinsleiter, „Bond-Ladder", vertraut machen. Damit kannst Du zugleich die Liquidität Deiner Investments erhöhen. Die „Bond-Ladder" klingt kompliziert, ist jedoch denkbar einfach und sehr effektiv!

Der ganze Trick ist, in Anleihen verschiedener Laufzeiten zu investieren. So gewährleistest Du kontinuierliche Liquidität. Unterteile hierfür Deinen Anleihen-Investitionsbetrag zunächst in 3 bis 5 gleich große Tranchen (Anteile).

DIE BOND-LADDER

© CHRISTOPHER KLEIN, AUS DEM BUCH "NINE-TO-FIVE MUSS NICHT SEIN!"

Anleihe 1	neue Anleihe (5 Jahre)
Anleihe 2	neue Anleihe (5 Jahre)
Anleihe 3	neue Anleihe (5 Jahre)
Anleihe 4	neue Anleihe (5 Jahre)
Anleihe 5	neue Anleihe (5 Jahre)

Jahr 1   Jahr 2   Jahr 3   Jahr 4   Jahr 5   Jahr 6   Jahr 7   Jahr 8   Jahr 9   Jahr 10

Die Tranchen legst Du anschließend zu voneinander abweichenden Laufzeiten an. Beispielhaft könnten die Laufzeiten der Anleihen 1, 2, 3, 4 und 5 Jahre betragen. Solltest Du risikofreudiger sein, können die Abstände auch größer gewählt werden (z. B. 2, 4, 6, 8 und 10 Jahre).

Läuft die erste Tranche nach einem Jahr aus, legst Du eine weitere, nachhaltige Anleihe, mit der maximal von Dir gewählten Laufzeit (in unserem Beispiel 5 Jahre), in Dein Depot. Im Jahr darauf läuft die zweite Tranche aus und Du fügst erneut eine Anleihe mit maximaler Laufzeit hinzu. In Jahr 3 läuft die dritte Tranche aus und Du wiederholst die Strategie. Ich denke, dieses Eichhörnchen-Prinzip wird Dir rasch klar. Mithilfe dieser Strategie profitierst Du in unserem Beispiel ab dem 5. Jahr von höheren Zinssätzen, musst dafür aber wegen längerer Laufzeiten nicht auf Liquidität verzichten!

Mit dem Bond-Laddering vereinst Du die Vorteile hoher Liquidität und konstant steigender Einkommensströme (Rendite) bei diversifiziertem Risiko. Steigen die Kapitalmarktzinsen, kannst Du schnell reagieren. Du kannst mit Liquidität, die in regelmäßigen Abständen frei wird, immer neue Anleihen mit höheren Zinsen zukaufen. Bond-Laddering garantiert Dir somit einen ziemlich sicheren kontinuierlichen Geldfluss und ist damit ein tolles und überaus einfaches Instrument der passiven, nachhaltigen Geldanlage.

Strategie # 3: Nachhaltige Aktien

„Die Börse hängt nur davon ab, ob es mehr Aktien als
Idioten, oder mehr Idioten als Aktien gibt."
~ André Kostolany

Aktien gehören zu den bekanntesten Geldanlagen. Mit gutem Grund. Aktien sind Wertpapiere und zählen damit zu den Sachwerten. Das heißt, dass Du eine Beteiligung an einem Unternehmen zeichnest – ein Beteiligungspapier. Mit dem Erwerb einer Aktie wirst Du Anteilseigner bzw. Teileigentümer eines Unternehmens (Aktionär). Du erwirbst damit auch das Recht, auf die jährlichen Hauptversammlungen zu gehen und dort Deine Meinung offen kundzutun oder über die Entlastung des Vorstandes mit zu entscheiden. Wie bereits im ersten Kapitel angedeutet, erwirbst Du mit Aktien ein Mitspracherecht, das Du allerdings durch eigenes Engagement wahrnehmen musst.

Als Aktionär kannst Du in zweierlei Hinsicht profitieren. Zum einen erhältst Du, ähnlich des Zinses einer Anleihe, eine Gewinnbeteiligung – die sogenannte Dividende. Die Gewinnbeteiligung richtet sich nach dem Erfolg des Unternehmens und wird von der Hauptversammlung festgelegt. Über die Dividende werden Aktionäre am Unternehmenserfolg beteiligt. Übrigens müssen Dividenden nicht ausgeschüttet werden. Es gibt zahlreiche Unternehmen, die ihre Dividenden thesaurieren, das heißt, reinvestieren und damit den Unternehmenswert sukzessive steigern. Das spiegelt sich schließlich im Aktienkurs wider.

Damit kommen wir zur zweiten Möglichkeit, wie Du finanziell von Aktien profitieren kannst – durch Kursgewinne. Wenn Du eine Aktie zu einem gewissen Kurs kaufst und später zu einem höheren Kurs wieder verkaufst, konntest Du währenddessen von Dividenden profitieren und erhältst bei Verkauf einen Bonus. Genauso gut kann es sein, dass der Kurs der Aktie im Verlauf gesunken ist und Du bei einem Verkauf einen

Verlust realisieren würdest. So ist das, wenn man Miteigentümer am Vermögen (Gewinn und Verlust) eines Unternehmens ist.

Wichtige Fakten zu nachhaltigen Aktien

1 Aktien haben keine Laufzeit oder Mindesthaltedauer. Sie verbriefen Deine zeitlose Miteigentümerschaft an einem Unternehmen. Dennoch weiß man, ähnlich wie bei Investmentfonds oder ETFs, dass auch bei Aktien vor allem langfristige Anlagezeiträume für Privatanleger Sinn machen.

2 Innerhalb unseres magischen Vierecks zählen Aktien zu den sehr liquiden Geldanlageinstrumenten. Sie sind aber auch mit einem nicht zu vernachlässigenden Risiko verbunden, versprechen dafür aber auch hohe Renditen. Als *Ökoethinvestor* wählen wir ja zudem den Pfad der Nachhaltigkeit. Das ist gerade im Hinblick auf das Risiko ein Vorteil, da nachhaltig wirtschaftende und handelnde Unternehmen ihre Strategie langfristiger ausrichten und damit weniger anfällig für Gewinneinbrüche oder Kursstürze sind.

Erklärung: Unternehmen müssen anfangen nachhaltiger zu denken. Schon allein aus ökonomischen Gründen! Je nachhaltiger Unternehmen handeln und wirtschaften, umso erfolgreicher sind sie auf lange Sicht. Je kurzfristiger der Handlungs- und Planungshorizont, umso höher das Risiko, dass das Unternehmen Gewinneinbrüchen und erheblichen Kursschwankungen unterliegt, sich zu sehr auf den Aktienkurs fixiert und deshalb schon in wenigen Jahren Konkurs anmeldet oder verkauft wird. Ökologische und soziale Nachhaltigkeit werden somit zunehmend auch auf Ebene der Unternehmensführung (Governance) als wesentliche Voraussetzungen für ökonomische Nachhaltigkeit registriert und implementiert. Das gilt im sozialen Bereich beispielsweise für die Mitarbeitermotivation. Das sogenannte Humankapital ist die soziale Ressource und beinhaltet das Entwicklungspotential für die Zukunft des Unternehmens. Je mehr die Unternehmensführung in ihr Humankapital investiert, umso besser ist es um die Zukunft des Unternehmens bestellt. Im ökologischen Bereich bezieht sich nachhaltige Unternehmensführung beispielsweise auf eine effiziente Energie- und Ressourcennutzung (die sich wiederum auch positiv auf die ökonomische Situation des Unternehmens auswirkt).

3 Es gibt eine Reihe verschiedener Aktientypen. Am bekanntesten ist die sogenannte Stammaktie. Sie räumt dem Inhaber sowohl ein Stimmrecht als auch den Anspruch auf Dividende ein. Anders ist das bei sogenannten Vorzugsaktien. Sie verkörpern kein Stimmrecht, im Gegenzug erhalten die Aktionäre dafür aber eine etwas höhere Dividende. Bezüglich der Handelbarkeit solltest Du Stamm- bzw. Inhaberaktien wählen. Für uns, die wir Geld nachhaltig anlegen möchten, sind auch sogenannte „Bürgeraktien" interessant. Neben der Miteigentümerschaft an einem Unternehmen (aus der Region), geht es vielmehr darum, gemeinsam ein gesellschaftliches Ziel zu erreichen (z. B. Solarenergie).

4 Um Aktien erwerben zu können, brauchst Du ein Depot. Der Erwerb von Aktien ist in der Regel mit Transaktionskosten verbunden, die mit entsprechender Rendite erstmal wieder gut gemacht werden wollen. Deshalb solltest Du bei Deiner Kauforder auf möglichst geringe Gebühren achten. Bei vielen Depotanbietern entfallen beispielsweise Ordergebühren ab einer Order von 500 Euro.

5 Aktien werden, wie auch Gold oder Immobilien, den Sachwerten zugeordnet. Sachwert deshalb, weil im Vorhinein keine Rendite (durch z. B. Zinszahlungen) festgelegt wird. Der Wert der Geldanlage orientiert sich daher am Grundmodell von Angebot und Nachfrage.

6 Aktien können höhere Transaktionskosten verursachen. Hohe Gebühren sollen vermieden werden, indem durch größere Investitionssummen Gebühren in Relation geringer werden. Das wirft aber nicht selten das Problem nicht ausreichender Diversifikation auf. Schließlich gilt als Richtwert, auf keinen Fall Aktienorder mit weniger als 500 Euro pro Aktie aufzugeben, aber mindestens 20 Aktien zu halten, um einigermaßen diversifiziert zu sein. Wir sprechen also von einer Mindest-Investitionssumme von 10.000 Euro. Auf der anderen Seite können Aktienbestände sukzessive und über die Zeit erworben werden, aber nach Möglichkeit nicht mit Summen unter 500 Euro pro Aktienkauf. Als Anlagestrategie kannst Du auch auf einen (breit diversifizierten und damit weniger risikobehafteten) ETF setzen und diesen mit regelmäßigen Käufen von Aktien-Einzeltiteln ergänzen.

Um Dir einen Einstieg zu erleichtern, habe ich viel Rechercheaufwand in eine Liste investiert, die meiner Meinung nach einige der besten ökologisch sowie ethisch-sozial orientierten Aktiengesellschaften aufführt.

Einer meiner Tipps ist es, sich bei der Auswahl auch an Unternehmen bzw. Aktien zu orientieren, die in Fonds bzw. ETFs vertreten sind. Damit erhält man schon einmal eine gewisse Vorauswahl, weil hier bereits ein Positiv-Screening durchgeführt wurde, oder unethische bzw. nicht ökologische Unternehmen anhand der Ausschlusskriterien ausgesiebt worden sind.

59 ökologisch-nachhaltige (grüne) Aktien

Ich weiß, jeder Anfang in Sachen Geldanlage ist schwer. Sich im Universum der nachhaltigen Geldanlagen zu entscheiden, ist in meinen Augen, selbst bei eingeschränkter Auswahl, durch den zu beachtenden Faktor Nachhaltigkeit, nicht unbedingt einfacher.

Die Entscheidung kann ich natürlich nicht für Dich treffen. Ich möchte Dich aber dabei unterstützen und Dir die Suche etwas vereinfachen. Starten wir daher mit einem „best of" ökologisch-nachhaltiger Aktien. Unter anderem sind alle Unternehmen aus dem über die Jahre überaus erfolgreichen „Natur-Aktien Index" (NAI) enthalten. Darüber hinaus finden sich etliche Aktien aus den Fonds „DEKA Umweltinvest TF", „ÖkoWorld WorldVision Classic", „Sarasin OekoSar Equity – Global/Sustainable Water Fund" sowie dem „Swisscanto Equity Fund Climate Invest/Water Invest", aber auch andere. Zu ökologischen bzw. grünen Aktien zählen Unternehmen, auf die einer oder mehrere der folgenden Punkte zutreffen:

- Sektor Umwelttechnologie (z. B. Solarenergie)
- Ver- und Entsorgungssektor mit Beitrag zur nachträglichen Verminderung von Umweltschäden
- Ökologischer Pionier (entwickelt ökologisch innovative Produkte)
- Entwicklung von umweltfreundlichen Produktionsprozessen und Verfahren
- Ökologischer Spitzenreiter (Unternehmen, das besonders ökologisch wirtschaftet)
- Etabliertes grünes Unternehmen (früher ökologischer Pionier)
- Ökobranche (z. B. Bio - oder Ökosiegel, Naturkosmetik, etc.)

Auch in Renditehinsicht konnten die Werte im NAI in den letzten Jahren überzeugen. Umweltaktien sind somit weit mehr als eine lediglich idealistische Geldanlage – sie sind auch finanziell gesehen sinnvoll. Wenngleich es um Umweltaktien geht, so schließt beispielsweise der NAI dennoch – und richtigerweise – Unternehmen aus, die Militärgüter oder umweltschädliche Produkte bzw. Technologien produzieren (oder damit handeln). Die Liste enthält überdies Unternehmen, die auf den ersten Blick zwar keine ökologischen Produkte produzieren (z. B. Naturprodukte/Kosmetik oder Elektroautos) und auch keine grünen Dienstleistungen anbieten, dafür aber im Vergleich zu ihren Konkurrenten besonders ökologisch wirtschaften (z. B. Versicherungen).

Name	ISIN	Kurs August 2018	Land	Geschäftsfeld
2G Energy	DE000A0HL8N9	23,20€	Deutschland	Blockheizkraftwerke
7C Solarparken	DE000A11QW68	2,68€	Deutschland	Solarenergie
Aalberts	NL0000852564	38,18€	Niederlande	Innovation
ABB	CH0012221716	19,97€	Schweiz	Elektrotechnik
Abo Invest	DE000A1EWXA4	1,42€	Deutschland	Windenergie
Acciona	ES0125220311	72,84€	Spanien	Bau & Energie
Aixtron	DE000A0WMPJ6	12,10€	Deutschland	Halbleiter
Akamai	US00971T1016	65,84€	USA	Software
American Water Works	US0304201033	75,84€	USA	Versorgung
Andritz	AT0000730007	51,20€	Österreich	Maschinenbau
Aspen Pharmacare	ZAE000066692	17,01€	Südafrika	Pharmazie
Baloise Holding	CH0012410517	133,32e	Schweiz	Versicherung
Boiron	FR0000061129	66,90€	Frankreich	Homöopathie
Canadian Solar	CA1366351098	12,54€	Kanada	Solarenergie
Cropenergies	DE000A0LAUP1	4,84€	Deutschland	Mobilität
East Japan Railway	JP3783600004	78,69€	Japan	Schienenverkehr
Ecolab	US2788651006	127,84€	USA	Wasser-, Hygiene-, Energietechnologien
Encavis	DE0006095003	6,35€	Deutschland	Windenergie
Energiekontor	DE0005313506	14,05€	Deutschland	Erneuerbare Energie
Envitec Biogas	DE000A0MVLS8	7,40€	Deutschland	Biogas
Eurofins Scientific S.A.	FR0000038259	439,60€	Frankreich	Gesundheitswesen
First solar	US3364331070	46,19e	USA	Photovoltaik
Gaiam	US36269P1049	16,00€	USA	Ökoprodukte
Henkel	DE0006048432	110,95€	Deutschland	Chemie
Inistuform/Aegion	US00770F1049	21,53€	USA	Rohrsanierung
Interface	US4586653044	19,45€	USA	Bodenbeläge
Kandant	US48282T1043	78,42€	USA	Papierrecycling
Kingfisher	GB0033195214	3,32€	Großbritannien	Heimwerkermarkt

Kurita Water	JP3270000007	24,86€	Japan	Wassermanagement
Mayr-Melnhof Karton	AT0000938204	114,40€	Österreich	Verpackung
Molina Healthcare	US60855R1005	107,56€	USA	Krankenversicherung
Natura Cosmetics	BRNATUACNOR6	8,27$	Brasilien	Kosmetik
Nordex	DE000A0D6554	8,97€	Deutschland	Windenergie
Ormat Technologies	US6866881021	41,36€	USA	Geothermie
Osram Licht	DE000LED4000	39,36€	Deutschland	Elektronik/Elektrik
PNE Wind	DE000A0JBPG2	2,51€	Deutschland	Windenergie
Potlatch	US7376301039	45,83€	USA	Holzprodukte
Ricoh	JP3973400009	8,69€	Japan	Büromaschinen
Schneider Electric	FR0000121972	69,26€	Frankreich	Elektrik/Automation
Shimano	JP3358000002	129,29€	Japan	Fahrradteile
Sims Metal Man.	AU000000SGM7	10,91€	Australien	Recycling
SMA Solar	DE000A0DJ6J9	34,90€	Deutschland	Photovoltaik/Solar
Smith & Nephew	GB0009223206	15,11€	Großbritannien	Medizintechnik
Steelcase	US8581552036	11,86€	USA	Interior Design
Steico	DE000A0LR936	24,55€	Deutschland	Dämmung
Stericyde	US8589121081	53,77€	USA	Entsorgung
Suez AG	FR0010613471	12,54€	Frankreich	Wasser und Recycling
SunOpta	CA8676EP1086	6,99€	Kanada	Ökologisch zertifizierte Lebensmittel
SunOpta	CA8676EP1086	7,16€	Kanada	Ernährung
SunPower	US8676524064	6,33€	USA	Solarenergie
Svenska Cellulosa	SE0000112724	8,89€	Schweden	Papier
Tesla Motors	US88160R1014	325,58€	USA	Elektroautos
Tomra Systems	NO0005668905	17,93€	Norwegen	Pfandflaschengeräte
Umicore	BE0974320526	49,87€	Belgien	Elektrotechnik und Recycling
Umweltbank	DE0005570808	9,34€	Deutschland	Bankwesen
United Natural Foods	US9111631035	29,52€	USA	Bio-Lebensmittel
Verbio	DE000A0JL9W6	6,08€	Deutschland	Biokraftstoff
Vestas Wind	DK0010268606	55,00€	Dänemark	Windturbinen
Waters Corporation	US9418481035	168,95€	USA	Systemlösungen

Quelle: http://www.nai-index.de/seiten/firmen_liste.html,
https://www.boerse-duesseldorf.de/aktien/nachhaltige_aktien

Diese Übersicht listet eine Reihe interessanter „grüne Aktien" bzw. Unternehmen auf – erhebt aber keinen Anspruch auf Vollständigkeit. Hier gilt „wer sucht, der findet". Mein Ziel mit dieser Liste ist ein ganz anderes. Ich möchte Dir den Start Deiner Suche etwas erleichtern, weil ich weiß, wie schwer es gerade zu Beginn ist, sich im Dschungel tausender Aktien zurechtzufinden. Insofern sollte für jeden Geschmack und jede Nachhaltigkeitspräferenz etwas dabei sein. Von noch relativ konservativen Unternehmen bis hin zu ultra grünen. Der Kurswert der Aktien bezieht sich auf Anfang August 2018.

Bevor Du allerdings überhastete Schritte unternimmst, bitte ich Dich, eine eingehende Analyse jener Aktien durchzuführen, die Dich näher interessieren. Erst dann macht es Sinn, zu entscheiden, ob eine (langfristige) Investition überhaupt in Frage kommt. Bitte bedenke auch hier den wichtigen Aspekt einer möglichst breiten Diversifikation zur Risikostreuung. Wie Du eine gute Aktienanalyse durchführst, kannst Du unter anderem im Buch „Einmal Dividende bitte!" meines Autoren-Partners Jens nachlesen.

49 ethisch-soziale Aktien

Etwas anders stellt sich die Situation bei ethisch-sozialen Aktien dar. Hier steht uns eine deutlich größere Auswahl zur Verfügung. Schließlich kommt es bei dieser Anlageklasse vor allen Dingen auf die Ausschluss- bzw. Negativkriterien an. Das heißt, dass Unternehmen vertreten sein können, die kaum auf ökologische Nachhaltigkeit achten, aber dennoch ethisch-soziale Normen und Richtlinien einhalten. Das erschwert in meinen Augen aber auch die Entscheidung erheblich bzw. macht sie zu einer deutlich subjektiveren. Was für Person A akzeptabel sein mag, ist für Person B bereits viel zu legere ausgelegt und käme für Person C gar nicht in Frage.

Diese Liste enthält eine breite Palette von Unternehmen aus ganz unterschiedlichen Branchen mit unterschiedlich harter Auslegung – insbesondere ökologischer Faktoren. Aus ethischen Gesichtspunkten habe ich mich an den gängigen Ausschlusskriterien bzw. an Indizes orientiert, die Unternehmen anhand von Negativkriterien ausschließen. Nichtsdestotrotz bleibt ein gewisser Unsicherheitsfaktor. Schließlich ist es kaum möglich, die Zulieferer eines Unternehmens genauso unter die Lupe zu nehmen. So mag es zwar Kleidungshersteller geben, die ökologisch-nachhaltig arbeiten, faire Löhne bezahlen und Mitarbeitern wichtige Rechte einräumen, allerdings Baumwolle aus einem noch immer sehr sozialistisch-totalitär regierten Kasachstan (oder anderen kritischen Staaten) beziehen, wo Arbeiter praktisch zum Nulltarif schuften müssen und das Geld häufig in korrupten Strukturen versinkt und einigen Wenigen zu enormen Reichtümern verhilft, während der Großteil am Hungertuch nagt. Ich hoffe, dass hier in den nächsten Jahren – gerade was die gesamte Wertschöpfungskette inklusive Zulieferer anbelangt – Unternehmen noch umfassender untersucht werden.

Ich habe mich, um Dir den Start zu erleichtern, insbesondere an einer Liste des *„Ethisphere Institutes"* orientiert, eine der global renommiertesten Organisationen im Sektor der Evaluierung und Förderung ethischer Geschäftspraktiken. Diese Liste ist als *„World's Most Ethical Companies"*® bekannt und beinhaltet 2018 135 Unternehmen aus fünf Kontinenten, 23 Ländern und 57 Industriezweigen (Diversifikation). Ich liste nicht alle Unternehmen auf, sondern möchte Dir eine eingeschränkte Auswahl aus den verschiedenen Branchen vorstellen. Du kannst die Liste selbst einsehen (Link: https://www.worldsmostethicalcompanies.com/honorees/). Es ist auffällig, dass die meisten Unternehmen US-amerikanischer Herkunft sind. Das ist kaum verwunderlich, weisen Unternehmen aus den USA doch die mit Abstand größte Marktkapitalisierung an den Finanzmärkten auf. Viele der Unternehmen werden Dir daher auch bekannt vorkommen. Amerikas gerechteste Unternehmen lassen sich übrigens auch in einer interessanten Liste in Netz herausfinden (Link: https://justcapital.com/).

Unternehmen	ISIN	Kurswert August 2018	Land	Branche
3M	US88579Y1010	178,49€	USA	Industrielle Fertigung
Accenture	IE00B4BNMY34	139,19€	Irland	Beratung
Adobe	US00724F1012	218,28€	USA	Anwendungssoftware
Aflac Inc.	US0010551028	40,07€	USA	Unfall- und Lebensversicherungen
Alphabet Inc.	US02079K3059	1.095,67€	USA	Internet (Google-Aktie)
Anthem	US0367521038	223,70€	USA	Krankenversicherung
Aptiv	JE00B783TY65	84,45€	Jersey (GB)	Mobilität
Bank of Montreal	CA0636711016	68,17€	Canada	Banking
Biogen	US09062X1037	302,69€	USA	Pharmazie & Biotechnologie
Canon	US1380063099	27,97€	USA	Bildtechnologie
CBRE	US12504L1098	41,61€	USA	Immobilien
Colgate-Palmolive	US1941621039	57,61€	USA	Konsumprodukte
Cummins	US2310211063	123,29€	USA	Automobil
Dell	US24703L1035	80,98€	USA	Technologie
Eastman	US2774321002	87,58€	USA	Chemie
Edwards	US28176E1082	120,70€	USA	Medizin
Eli Lilly & Co.	US5324571083	88,00€	USA	Pharmazie
Geberit	CH0030170408	383,51€	Schweiz	Sanitärprodukte
Grupo Bimbo	MXP495211262	1,83€	Mexiko	Lebensmittel
Halma	GB0004052071	15,53€	Großbritannien	Gesundheit
Hasbro	US4180561072	84,79€	USA	Konsumprodukte

Hilton Worldwide	US43300A2033	66,94€	USA	Hotellerie
Humana	US4448591028	279,67€	USA	Gesundheit
Intel	US4581401001	43,07€	USA	Elektronik
International Paper	US4601461035	46,01€	USA	Wald, Papier, Verpackung
Jones Lang Lasalle	US48020Q1076	135,26€	USA	Immoblilien
M & S 1884	GB0031274896	3,34€	Großbritannien	Einzelhandel
ManpowerGroup	US56418H1005	79,61€	USA	Personaldienstleister
Mastercard Inc.	US57636Q1040	174,65€	USA	Zahlungsdienstleister
Microsoft	US5949181045	94,20€	USA	Technologie
NextEra Energy	US65339F1012	146,96€	USA	Energie
Nike	US6541061031	69,68€	USA	Bekleidung
Nvidia	US67066G1040	224,07€	USA	Halbleiter
Old National Bank	US6800331075	16,65€	USA	BAnking
Oshkosh	US6882392011	62,91€	USA	Lastwagen
Praxair	US74005P1049	135,64€	USA	Chemie
Principal Financial	US74251V1026	48,33€	USA	Finanzdienstleistung
Republic Services	US7607591002	62,69€	USA	Umweltdienstleistung
Royal Caribbean Cruises Ltd.	LR0008862868	96,16€	USA	Freizeit und Erholung
SGS Group	CH0002497458	2267,19€	Schweiz	Prüfung / Zertifizierung
Tata Steel Ltd.	US87656Y4061	6,99€	USA	Bergbau und Metalle
Telekom	DE0005557508	14,27€	Deutschland	Telekommunikation
Texas Instruments	US8825081040	100,35€	USA	Halbleiter
vf	US9182041080	81,30€	USA	Bekleidung
Volvo	SE0000115446	14,56€	Schweden	Automobil
Weyerhaeuser	US9621661043	29,58€	USA	Wald, Papier, Verpackung
Whirlpool Corp.	US9633201069	112,89€	USA	Haushaltsgeräte
Wipro Ltd.	US97651M1099	4,42€	Indien	Informationstechnolo-giedienstleistung
Xerox Corp.	US9841216081	23,09€	USA	Informationstechnolo-giedienstleistung

Quelle: https://justcapital.com/;
https://ethisphere.com/2018-worlds-most-ethical-companies/;

Vielleicht ist Dir aufgefallen, dass ich bei der Auswahl der Unternehmen und Branchen darauf geachtet habe, ein möglichst breites Spektrum zu wählen. Das habe ich mit dem Hintergrund getan, damit dem Ziel breiter Diversifikation gerecht werden zu können.

Darüber hinaus wirst Du bemerkt haben, dass es sich bei der Auswahl ökologischer Aktien um eher weniger bekannte Unternehmen handelt, während sich unter den ethischen Aktien größere und bekanntere Unternehmen finden lassen. Einige davon zählen übrigens auch zu den sogenannten Dividendenaristokraten. Das sind Unternehmen, die seit einigen Jahrzehnten ihre Dividende jedes Jahr anheben konnten.

Strategie # 4: Nachhaltige ETFs

„Die Natur ist das Einzige, was der Mensch
nicht erfunden hat und niemals besiegen kann.
Er sollte sie sich zum Freund statt zum Feind machen."
~ Christopher Klein

Nachdem wir uns nachhaltige Anleihen und Aktien näher angesehen haben, liegt der Sprung zu Aktien- bzw. Anleihenfonds nahe. Egal, ob die Fonds passiv (ETFs) oder aktiv verwaltet werden – für mich kommen nur Anleihen- oder Aktienfonds in Frage. Das sage ich, weil es noch deutlich mehr Fonds-Assetklassen gibt. Auf diese möchte ich aber aufgrund eines deutlich steigenden Risikos und steigender Komplexität im Rahmen dieses Buches nicht eingehen. Darüber hinaus konzentriere ich mich im Rahmen von *Ökoethinvesting* überwiegend auf offene Investmentfonds, da geschlossene Investmentfonds eine sehr viel geringere Liquidität aufweisen und insofern mit einem erheblich höheren Risiko verbunden sind.

Unter dem Begriff „Investmentfonds" versteht man grundsätzlich sogenannte Miteigentumspapiere. Das heißt, dass man mit dem Erwerb von Anteilen Miteigentümer am Fondsvermögen wird. In anderen Worten: Du besitzt die Aktien nicht, sondern bist „lediglich" Miteigentümer an einem Gesamtvermögen, in dem sich verschiedene Wertpapiere befinden. Investmentfonds gehören fast immer zum Sondervermögen und fallen damit nicht mit in die Konkursmasse, sollte beispielsweise die verwaltende Bank Insolvenz anmelden.

Dieses Kapitel ist etwas umfangreicher, weil ETFs in meinen Augen für die Mehrzahl der Privatinvestoren am besten geeignet sind und in keinem Portfolio fehlen sollten. Es spricht aber nichts dagegen, es mit anderen Anlageklassen/Strategien zu ergänzen!

Was sind (nachhaltige) ETFs?

Als ETFs, „Exchange Traded Funds", bezeichnet man börsengehandelte, passiv verwaltete Indexfonds . Ein Index bildet dabei eine Auswahl verschiedener Aktien oder Anleihen ab. Sie sind liquide, flexibel, versprechen attraktive Renditen, erzeugen, wenn Du thesaurierende ETFs wählst, sogar den Zinseszins-Effekt und sind darüber hinaus breit diversifiziert (was das Risiko senkt).

Ich persönlich bin deutlich stärker in ETFs als in Einzeltitel (Aktien) investiert. Schließlich bieten mir ETFs eine breitere Diversifikation und damit sicherere Renditen. Das ist gerade für meinen langfristigen Vermögensaufbau fundamental. Gerade für Anfänger im Bereich (nachhaltige) Geldanlage sind ETFs in meinen Augen wunderbar geeignet. Wie bereits angedeutet, finde ich ETF-Sparpläne genial, da ich mit extrem geringem Zeitaufwand und monatlichen, automatisierten Investitionen, per Dauerauftrag, bemerkenswerte Renditen und einen mächtigen Zinseszins-Effekt erzielen kann. Alles was dafür verlang wird, ist Geduld.

Du kannst beispielsweise schon mit nur einem Döner pro Tag (das entspricht etwa 100 Euro pro Monat), bei einer durchschnittlichen Rendite von 8,5 Prozent (das entspricht in etwa dem historischen DAX-Verlauf, der MSCI World SRI hat sogar über 14 Prozent von Mitte 2017 bis Mitte 2018 erzielt) über 25 Jahre ein Vermögen von 100.000 Euro erzielen. Gerade für jene Personen die ich, wie mich selbst, als finanzielle Faulbären bezeichne, gibt es in meinen Augen derzeit kaum ein besseres und kostengünstigeres Finanzprodukt, das es erlaubt, mit geringem zeitlichem Aufwand, relativ sicher Geld anzulegen und zu vermehren.

ETF-Sparpläne eignen sich wirklich hervorragend zum langfristigen Vermögensaufbau – und sind vor allem für Börsenneulinge ideal! Aber was sind sie genau?

Was ist ein ETF-Sparplan?

ETF-Sparpläne oder auch Wertpapiersparpläne sind ETFs, die in regelmäßigen Abständen „bespart" werden. ETFs bilden Indizes ab, die in der Regel eine Vielzahl verschiedener Aktien oder Anleihen beinhalten. Man erwirbt somit in festgelegten zeitlichen Abständen – meist monatlich – je nach investierter Summe, Anteile eines ETFs. Je höher der Kurswert des ETF, umso kleiner der Anteil, den man für eine bestimmte investierte Summe erwirbt (und umgekehrt).

Mit ETFs haben wir die Möglichkeit, gleich ein ganzes ökologisch-nachhaltiges und/oder ethisch-soziales Aktien- oder Anleihenpaket zu erwerben. Aber auch hier kommt es auf die verschiedenen Evaluierungsmethoden bzw. -Ansätze an. Befasse Dich also damit, unter welchen Gesichtspunkten die Unternehmen für den ETF oder Fonds ausgewählt werden. Besonders häufig lassen sich ETFs (und aktiv verwaltete Fonds) mit den Zusätzen „SRI" (Social Responsible Investing) oder „ESG" (Environmental, Social, Governance) finden. Im sogenannten Factsheet des ETF, das Du auf den meisten Finanz-Webseiten als PDF herunterladen kannst, muss auch immer der Investmentansatz erklärt werden. Dort solltest Du auch entnehmen können, nach welcher Maßgabe und welchen Kriterien investiert wird (z. B. Ausschlusskriterien oder Positiv Screening).

Was ist aber jetzt so einzigartig positiv an ETF-Sparplänen?

9 irre Vorteile von ETFs

Investitionsentscheidungen bezüglich nachhaltiger Geldanlagen mögen gut durchdacht sein. Nicht umsonst lautet die Faustformel am Finanzmarkt: *„Kaufe nichts, von dem Du nichts verstehst"*! Beschäftige Dich also eingehend mit Vor- und Nachteilen von ETFs, bevor Du eine langfristig ausgelegte Entscheidung triffst.

Vorteil #1: Liquidität
ETFs weisen eine hohe Liquidität auf. Das heißt, sie können nahezu jederzeit gekauft, verkauft und nachgekauft werden.

Vorteil #2: ETFs sind was für Einsteiger
Mit ETF-Sparplänen kannst du auch als Einsteiger an der Börse, bei vielen Brokern schon mit 25 bis 50 Euro pro Monat, an Deinem langfristigen Vermögensaufbau schrauben. Damit sind ETFs über eine geschickte Automatisierung von Daueraufträgen wunderbar passivierbar. Anleger partizipieren an Zinsen, Dividenden und steigenden Börsenkursen.

Vorteil #3: Hohe Transparenz ist sympathisch
Als Anleger von ETFs wissen wir zu jeder Zeit, in welche Wertpapiere der ETF investiert ist. Dies können wir jederzeit dem Factsheet entnehmen. Das ist umso besser, wenn man Wert auf Nachhaltigkeit und ethische Vertretbarkeit der Investitionen legt.

Vorteil #4: Diversifikation ist King!
Mit einem ETF erwerben wir ein breit gestreutes Portfolio von Wertpapieren. Wie Du weißt, schützt Du Dich umso besser vor Risiken, je mehr voneinander unabhängige Wertpapiere Dein Portfolio umfasst. Je abhängiger die Wertpapiere in Deinem Portfolio, umso höher deren Korrelation und umso höher die Risikokonzentration. ETFs müssen in der Regel mindestens 20 Unternehmen bzw. Wertpapiere halten. Sie sind somit ein tolles Instrument der Risikodiversifikation respektive -Verminderung zu einem unschlagbaren Preis.

Vorteil #5: Ausgabeaufschläge adiéu!

Wer in einen aktiv verwalteten Fonds investieren möchte, muss in der Regel einen Ausgabeaufschlag (sogenannter Agio) bezahlen. Dieser kann sich mal rasch auf 4 Prozent summieren – ein ziemlicher Rendite-downer – gerade zu Anfang. Das ist bei einem ETF nicht der Fall.

Vorteil #6: Günstige Gebührenstrukturen

ETFs verursachen, im Gegensatz zu aktiv verwalteten Fonds, deutlich günstigere laufende Gebühren. Besonders bekannt ist die sogenannte „Total Expense Ratio" (TER bzw. laufende Verwaltungsgebühren), die meist täglich berechnet und dem Fondsvermögen entnommen wird (daher sollte man auf ETFs mit einem Volumen von mindestens 100 Mio. Euro zurückgreifen). Interessant sind aber vor allen Dingen die sogenannten „Total Costs of Ownership" (TCO), die alle weiteren Kosten, wie beispielsweise Transaktionskosten und Ordergebühren mit in die Gleichung einbeziehen.

Vorteil #7: Flexibilität

Mit ETFs haben wir die Möglichkeit, uns ein individualisiertes, nicht nur unseren persönlichen Rendite-, und Risiko- sondern auch Nachhaltigkeitspräferenzen entsprechendes und dennoch breit gestreutes Portfolio aufzubauen.

Vorteil #8: Mühsam aber erfolgreich nährt sich das Eichhörnchen!

Thesaurierende ETFs eigenen sich für den langfristigen Vermögensaufbau. Sie sind damit ein optimales Instrument für passive, langfristig orientierte (faule) Privatanleger, mit Fokus auf nachhaltige Investments. Darüber hinaus bieten sie, aufgrund hoher Liquidität, zugleich die Chance auf zusätzliche Kursgewinne. ETFs sind mittlerweile zu einem überaus beliebten Anlageinstrument geworden.

Vorteil 9: „Partycipate"

Als Volkswirtschaftler sehe ich mir immer auch verstärkt die makroökonomischen Vorgänge am Finanzmarkt an. Über ETFs können wir wunderbar an der sogenannten „Asset Price Inflation" profitieren. Asset Price Inflation heißt, dass sich die Preise (Wertpapierkurse) an den Finanzmärkten aufblähen.

Schließlich wird mittlerweile eine riesige Geldparty gefeiert!

Die EZB und viele andere Notenbanken machen es Geschäftsbanken immer einfacher Kredite aufzunehmen und weiterzureichen. Ein nicht unerheblicher Teil fließt jedoch in die Finanzmärkte und bläht dort die Preise für Wertpapiere auf. Während eine Erhöhung der Geldmenge für den klassischen Konsumenten schlecht ist, weil damit in der Regel ein Kaufkraftverlust einhergeht, ist er für Investoren meist positiv, weil durch das höhere Geldangebot auch die Nachfrage nach Finanzprodukten steigt.

Ganz besonders hervorzuheben ist im Rahmen von ETF-Sparplänen der sogenannte „Cost-Average Effekt".

Einstiegszeitpunkt egal: der Cost-Average Effekt

Mit einem ETF-Sparplan minimierst Du das Risiko von Kursschwankungen, da Du von einem Durchschnittspreis profitierst. Das heißt, dass der Einstiegszeitpunkt für Deinen Anlageerfolg eine weniger wichtige Rolle spielt. Ein starkes Argument für ETF-Sparpläne! Schließlich können wir uns als passive Investoren in diesem Fall über Kurseinbrüche sogar „freuen", weil wir dann mehr Anteile erwerben! Wenn die Kurse dann wieder steigen, profitieren wir! Einfach gesagt:

- Kurs hoch → Erwerb weniger Anteile
- Kurs niedrig → Erwerb vieler Anteile

Der Durchschnittskosteneffekt ist ein Nebenprodukt eines langfristigen Vermögenssparplans. Du profitierst sowohl von fallenden, als auch steigenden Kurswerten Deiner ETFs. Wenn Du beispielsweise 100 Euro monatlich in einen Sparplan investierst, erhältst Du automatisch mehr Anteile für Dein investiertes Geld, wenn sich der Kurswert in diesem Monat schlecht entwickelt hat und gefallen ist. Ist der Kurswert im jeweiligen Monat hingegen gestiegen, kaufst Du mit 100 Euro relativ gesehen weniger. Auf lange Sicht erzielst Du somit einen niedrigeren durchschnittlichen Einkaufspreis!

Das bedeutet zugleich, dass gerade Kursschwankungen für richtig hohe Gewinne sorgen können. Diese Gewinne realisierst Du allerdings nur, wenn Du auch bereit bist, einen Teil Deiner ETF-Anteile zu verkaufen. Ein ETF-Sparplan ist wirklich prädestiniert dafür, Dir langfristig, stressfrei und entspannt, entweder ein wachsendes passives Einkommen oder aber ein größeres Vermögen aufzubauen. Zur graphischen Veranschaulichung greife ich auf ein kleines Rechenbeispiel zurück.

Cost-Average Effekt graphisch: Investitionseffekt

Beispielinvestition: 50€/Periode (300€ insgesamt).
Erworbene Anteile pro Periode in Abhängigkeit des Kurswerts zum gegebenen Zeitpunkt: 1+0,625+1+2,5+1 = 6,125

Das macht einen Gesamtwert der Anteile von 6,125 * 50€ = 306,25€
und damit ein Plus von 6,25€.

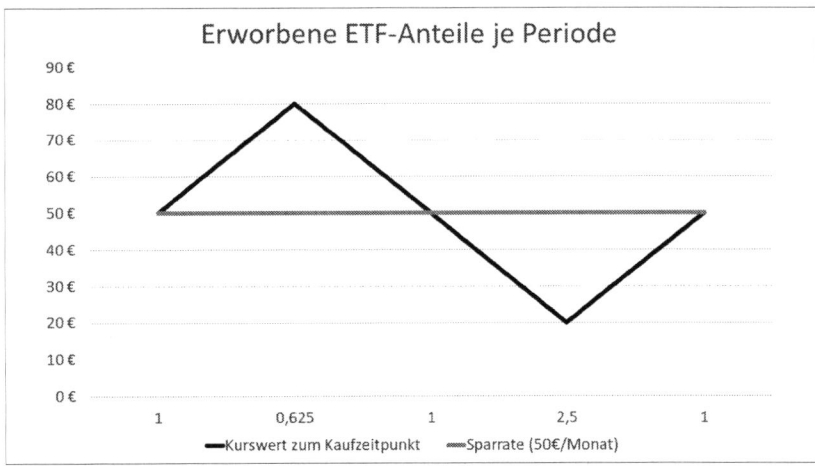

Es wird rasch deutlich, dass sich hieraus eine steigende Gewinnlinie ergeben muss. Diese Gewinnlinie nimmt jedoch mit zunehmendem Fonds-Gesamtvermögen stetig ab. Das heißt, je größer Dein ETF-Vermögen, umso weniger stark macht sich der Cost-Average Effekt bemerkbar.

Nachteile von ETFs

Es ist natürlich nicht alles Gold, was glänzt. Und auch ETFs haben Nachteile, über die Du Dir als nachhaltiger Privatanleger im Vorhinein bewusst sein solltest, um fundiert entscheiden zu können.

Nachteil #1: Niedrige Barreserven

ETFs halten generell weniger Barreserven, als aktiv gemanagte Fonds. In Krisenzeiten könnte die Auszahlung ausgesetzt werden. Dies gilt aber besonders bei Nischenmärkten und kaum bei größeren Länder-ETFs. Das heißt, dass in Krisenzeiten aktiv verwaltete Fonds häufig besser performen!

Nachteil 2: Währungsrisiken

ETFs können Währungsrisiken unterlegen, z. B. wenn sie den großen MSCI World SRI Index abbilden, der auf US-Dollar lautet. Dadurch holt man sich als Anleger unter Umständen ein zusätzliches Risiko mit ins Portfolio. Das ist dann nachteilig, sollte der Euro beim Verkauf schlechter stehen als beim Kauf. Dies ist jedoch kein ETF-spezifisches Risiko.

Nachteil #3: Synthetix is nix für jeden!

Bei sogenannten SWAP-ETFs – auch synthetische ETFs genannt – wird die Replikation (Nachbildung) des Index per Kontrakt mit einer Partnerbank garantiert. Dadurch entsteht ein sogenanntes Kontrahentenrisiko, da der Swap-Partner zahlungsunfähig werden könnte. Wer diesem Risiko aus dem Weg gehen möchte, ist mit physisch replizierenden ETFs besser bedient. Diese sind bei der Replikation des zugrundeliegenden Index aber meist etwas ungenauer.

Nachteil #4: Weitsicht ist angesagt!

ETFs verlangen unserer Meinung nach von Privat- und Kleinanlegern einen längerfristigen Anlagehorizont. Mindestens 5 Jahre sollten es schon sein. Wer an massivem Vermögensaufbau durch thesaurierende ETFs und den von ihnen erzeugenden Zinseszins-Effekt interessiert ist, sollte sogar eher 20 bis 25 Jahre ins Auge fassen.

Nachteil #5: Gebühren sind trotzdem Kosten!

Bei ETFs sind, im Gegensatz zu z. B. Einzeltiteln wie Aktien, laufende Gebühren (TER) zu bezahlen. TER, die Total Expensen Ratio, beinhaltet unter anderem die Verwaltungskosten, Rechtsberatungs- oder Wirtschaftsprüfungskosten. Diese Gebühren schmälern die Rendite. Das ist der Preis, den wir für das breit diversifizierte Portfolio, das wir erwerben, bezahlen.

Nachteil #6: Überrenditen kaum möglich!

Mit ETFs ist es nicht möglich sogenannte Überrenditen zu erzielen, da sie immer den jeweiligen Markt bzw. die jeweilige Branche abbilden.

Nachteil #7: Marktmacht und Angebotsvielfalt

ETFs können mit ihrer Marktmacht eine Abschwungphase verstärken, wenn viele Anleger zugleich verkaufen. Außerdem hat die große Nachfrage eine kaum mehr überschaubare Angebotsvielfalt hervorgebracht.

Nachteil #8: Noch relativ wenig Auswahl

Gerade sehr grüne ETFs sind noch kaum zu finden. Deutlich besser ist es allerdings um die ethisch-sozialen ETFs bestellt. Nichtsdestotrotz gilt auch hier, wer sucht, der findet. Auch dafür habe ich Dir bereits eine kleine Vorauswahl vorbereitet.

Vorsicht bei Gebühren und Kosten

Bevor wir uns gleich die Rendite bzw. Performance einiger stellvertretender ETFs ansehen, möchte ich Dich auf die Gebühren und Kosten hinweisen. Denn anders als beim Erwerb von Anleihen oder Aktien, fallen beim Erwerb von Fonds neben Gebühren auch laufende Kosten an. Grundsätzlich solltest Du Dich aus Renditegründen nach ETFs bzw. ETF-Sparplänen umsehen, die kostenlos – sprich gebührenfrei – erworben werden können. Viele Onlinebroker, gerade die bei nachhaltigen Banken, verlangen zum Teil hohe Kaufordergebühren. Mache Dir also unbedingt über den passenden Broker/Depotanbieter Gedanken, noch bevor Du einen Kauf tätigst oder einen ETF-Sparplan einrichtest.
Privatanleger, die nicht täglich mit ihren Investitionen Arbeit haben möchten, sollten die Börsenweisheit beachten *„Hin und her macht Taschen leer."*

Daher ist es als Anleger mit Fokus auf Nachhaltigkeit wichtig, sich von Krisen und negativen Nachrichten nicht aus dem Konzept bringen zu lassen.

Als ETF-Investor bist Du Miteigentümer am ETF-Vermögen. Die sogenannte TER wird in der Regel täglich dem Fondsvermögen entnommen. Das heißt, diese Ausgabe wird Dir nicht auf dem Kontoauszug ins Auge springen. Sie ist aber dennoch ein wichtiger Faktor, um die Zahlungsfähigkeit des Fonds aufrechtzuerhalten. Darüber hinaus gibt das Fondsvermögen einen Hinweis über die Wirtschaftlichkeit des ETFs. Deshalb sind sich viele ETF-Experten einig, dass ein Fondsvolumen von mindestens 100 Mio. eine solide Voraussetzung ist.

Es gibt noch weitere Faktoren, die für eine erfolgreiche Karriere als passiver ETF-Investor von Bedeutung sind. Daher möchte ich Dich auch an dieser Stelle bitten, vor der ersten Investition in ETFs, noch weitere Informationen einzuholen. Mit den wichtigsten Faktoren bist Du aber hiermit vertraut.

Verblüffender Renditevergleich zwischen klassischen- und nachhaltigen ETFs

Ich habe bereits des Häufigeren angesprochen, dass nachhaltige Geldanlagen – entgegen ihrem Image – finanziell gesehen nicht unbedingt weniger lukrativ sein müssen, als klassisch-konventionelle. Das gilt auch, nein insbesondere, für ETFs. Schließlich erwirbst Du gleich ein ganzes Anleihen- oder Aktienpaket und damit eine breite Streuung von Wertpapieren.

Das zeigen etliche Studien. Ich möchte an dieser Stelle kurz einige typische, konventionelle und deren nachhaltige „Schwester"-Vergleichsindizes vorstellen. Heute ist es möglich, nahezu alle wichtigen Indizes bzw. Kernmärkte mittels Nachhaltigkeitskriterien darzustellen. Ich selbst war bei der Recherche überrascht, wie sehr sich die Performance von konventionellen und nachhaltigen Indizes doch ähnelt. Ein weiterer Hinweis darauf, wie unterschätzt der Einfluss der Geldpolitik der internationalen Notenbanken nach wie vor ist.

Ich habe für die Vergleiche die annualisierten Performances bzw. Renditen der vergangenen drei, fünf und zehn Jahre herangezogen. Die Kennung SRI steht dabei für die nachhaltige Version des Index. Für die Bewertung wurden sowohl Ausschlusskriterien als auch ein Positiv-Screening anhand der ESG-Kriterien genutzt. Dadurch ist z. B. im MSCI World Index nur noch etwa ein Viertel der Titel des Mutterindex übrig. Dies sind aber noch immer über 400 Unternehmen und damit für breite Diversifikation mehr als ausreichend.

Index / Performance annualisiert (Tabelle Stand 07/2018)	3 Jahre	5 Jahre	10 Jahre
MSCI Europe	3,23 %	9,14 %	6,12 %
MSCI Europe SRI	4,37 %	10,28 %	7,80 %
MSCI World	9,10 %	10,55 %	6,86 %
MSCI World SRI	9,58 %	10,36%	7,14 %
MSCI All Country	7,10 %	12,38 %	N/A
MSCI All Country SRI	7,54 %	12,29 %	N/A
MSCI Emerging Markets	5,98 %	5,39 %	N/A
MSCI Emerging Markets SRI	6,11 %	5,69 %	N/A

Quelle: https://www.msci.com/ (Stand 29. Juli 2018)

Interessant ist bei genauerer Betrachtung, dass die sogenannte „Sharpe-Ratio", die das Rendite-Risikoverhältnis gegenüberstellt, bei nachhaltigen ETFs in der Regel sogar deutlich besser abschneiden – nicht selten sogar doppelt so gut!

36 nachhaltige ETFs

Nachdem wir nun mit wichtigen Parametern vertraut sind und uns vor Augen geführt haben, dass ökologisch-nachhaltiges und ethisch-soziales Investieren mit ETFs nicht zwangsläufig weniger Rendite bedeutet, möchte ich Dir eine Auswahl interessanter ETFs vorstellen. Bitte bedenke, dass hier von verschiedenen ETF-Emittenten unterschiedliche Ansätze verfolgt bzw. Kriterien herangezogen werden. Das kannst Du über das Factsheet des ETF allerdings ganz einfach selbst herausfinden.

Die Liste orientiert sich an den wichtigsten Faktoren. Über die Art der Reproduktion, ob physisch oder als SWAP-Geschäft, sowie die Frequenz der Ausschüttungen (jährlich, halbjährlich, quartalsweise) bitte ich Dich selbst zu informieren. Damit möchte ich einfach sicherstellen, dass Du keine „Schnellschüsse" abgibst. Bitte beachte auch, dass die Ausschüttungsart eine Aussage trifft, wie die Renditen (Dividenden oder Zinsen) verwendet werden. Entweder werden diese an Dich ausgeschüttet, oder thesauriert (reinvestiert). Bitte beachte auch, dass die Fondswährung ein nicht unwesentlicher Risikofaktor ist, falls diese nicht auf Euro lautet. Schließlich könnte die andere Währung (i. d. R. US-Dollar) gegenüber dem Euro an Wert verlieren. ETFs mit dem Zusatz „hedged" können hier schützen.

Der Bewertungsaspekt „Kriterien" ist in drei Hauptmethoden eingeteilt:
Impact steht für „Impact Investing" und damit konkrete Ziele ausgewählter Unternehmen. Der „Lyxor World Water UCITS ETF" oder der „iShares Global Water UCITS ETF" konzentrieren sich beispielsweise ausschließlich auf Unternehmen, die im Wasser-Sektor tätig sind und einen großen Teil der Erträge durch Infrastrukturprojekte, Wasseraufbereitungs- oder Wasserversorgungsmaßnahmen generieren.

„Ausschluss" heißt, dass Ausschlusskriterien für die Zusammenstellung der Titel herangezogen wurden. Darunter lassen sich auch einige ETFs finden, die den Zusatz „ex Controversial Weapons" tragen. Hier werden Unternehmen ausgeschlossen, die an der Entwicklung oder Produktion umstrittener Waffen beteiligt sind. Hier haben wir es mit dem wohl weichsten und schwammigsten Ausschlusskriterium zu tun, da lediglich „kontroverse Waffen" ausgeschlossen werden und nicht Waffen- und Rüstungshersteller ganz generell. Lasse Dich also bitte nicht von Begriffen blenden und untersuche die Anlagepolitik des ETF ganz genau.

Am häufigsten wird Dir aber bei eigener Recherche die Bezeichnung „SRI/ESG" über den Weg laufen. Hierbei handelt es sich entweder ausschließlich um ein Positiv-Screening im Sinne des Best-in-Class Ansatzes oder die Kombination eines Positiv-Screenings mit vorheriger Anwendung von Ausschlusskriterien.

Nicht zuletzt möchte ich noch darauf hinweisen, dass es ETFs gibt, die den Regeln des sogenannten „Islamic Bankings" genügen. Dies sind ETFs, die insbesondere für Moslems kreiert wurden. Sie müssen dem islamischen Recht, der Scharia, entsprechen. Sie verzichten somit nicht nur auf Einnahmen durch Zinsen (Zinsverbot des Koran), sondern legen zudem besonders großen Wert auf soziale und ethische Investments. Eine echte Alternative, da die angesetzten Kriterien nicht selten deutlich strenger sind, als bei anderen Nachhaltigkeitsfonds. Du findest in der Liste zwei Beispiele für „Islamic ETFs" (Kriterium: Scharia).

ETF-Bezeichnung Tabelle Stand August 2018	ISIN	TER	Fonds-vermö-gen	Wäh-rung	Ausschüt-tungsart	Kriterien
Lyxor Global Gender Equality (DR) UCITS ETF Monthly Hedged to EUR - Acc	LU1692072322	0,30 %	1 Mio.	EUR	Thesaurierend	Aus-schluss + Gender
Lyxor MSCI USA ESG Trend Leaders (DR) UCITS ETF - Acc	LU1792117696	0,25 %	5 Mio.	USD	Thesaurierend	Aus-schluss + SRI/ESG
Lyxor MSCI EMU ESG Trend Leaders (DR) UCITS ETF - Acc	LU1792117340	0,20 %	5 Mio.	EUR	Thesaurierend	Aus-schluss + SRI/ESG
UBS ETF (IE) MSCI AC-WI Socially Responsible UCITS ETF (hedged to EUR) A-acc	IE00BDR55927	0,48 %	43 Mio.	EUR	Thesaurierend	Aus-schluss
BNP Paribas Easy MSCI EMU ex Controversial Weapons UCITS ETF	LU1291098827	0,25 %	402 Mio.	EUR	Thesaurierend	Aus-schluss
iShares Dow Jones Eurozone Sustainability Screened UCITS ETF (DE)	DE000A0F5UG3	0,41%	201 Mio.	EUR	Ausschüttend	Aus-schluss + ESG
iShares global Cleaning UCITS ETF	IE00B1XNHC34	0,65%	119 Mio.	USD	Ausschüttend	Impact
iShares Green Bond In-dex Fund (IE)		0,22 %	150 Mio.	EUR	Thesaurierend	Impact
ETFX S-Network Global Water Fund (DE)	DE000A0Q8M86	0,65 %	6 Mio.	USD	Thesaurierend	Impact
iShares Dow Jones glo-bal Sust. Screened	IE00B57X3V84	0,60 %	148 Mio.	USD	Thesaurierend	Impact
iShares Global Timber & Forestry UCITS ETF	IE00B27YCF74	0,65 %	123 Mio.	USD	Ausschüttend	Impact
iShares Global Water UCITS ETF	IE00B1TXK627	0,65 %	565 Mio.	USD	Ausschüttend	Impact
FTSE Environmental Opportunities 100 The-am Easy Ucits ETF EUR	FR0010616284	0,45 %	2,29 Mio.	EUR	Thesaurierend	Impact
Lyxor Green Bond (DR) UCITS ETF Hedged to EUR - Acc	LU1563454823	0,30 %	1 Mio.	EUR	Thesaurierend	Impact
Lyxor New Energy UCITS ETF D-EUR	FR0010524777	0,60 %	65 Mio.	EUR	Ausschüttend	Impact
PowerShares Global Clean Energy UCITS ETF	IE00B23D9133	0,75 %	9 Mio.	EUR	Ausschüttend	Impact
Lyxor World Water UCITS ETF D-EUR	FR0010527275	0,60 %	520 Mio.	EUR	Ausschüttend	Impact

iShares MSCI World Islamic UCITS ETF	IE00B27YCN58	0,60 %	127 Mio.	USD	Ausschüttend	Scharia (ethisch/ sozial)
iShares MSCI Emerging Markets Islamic UCITS ETF	IE00B27YCP72	0,85 %	40 Mio.	USD	Ausschüttend	Scharia (ethisch/ sozial)
BNP Paribas Easy Low Carbon 100 Europe UCITS ETF	LU1377382368	0,30 %	344 Mio.	EUR	Thesaurierend	SRI (CO2-Ausstoß)
db x-trackers S&P U.S. Carbon Efficient ETF	LU0411076002	0,50 %	6,42 Mio.	USD	Thesaurierend	SRI (CO2-Ausstoß)
iShares MSCI Europe SRI UCITS	IE00B52VJ196	0,30 %	367 Mio.	EUR	Thesaurierend	SRI/ESG
UBS ETF (LU) MSCI World Socially Responsible	LU0629459743	0,38 %	589 Mio.	USD	Ausschüttend	SRI/ESG
iShares Sustainable MSCI Japan SRI EUR Hedged	IE00BYVJRQ85	0,35 %	47 Mio.	EUR	Thesaurierend	SRI/ESG
UBS ETF (IE) MSCI ACWI Socially Responsible Hedged	IE00BDR55927	0,48 %	43 Mio.	EUR	Thesaurierend	SRI/ESG
BNP Paribas Easy MSCI KLD 400 US SRI UCITS ETF	LU1291103338	0,30 %	20 Mio.	USD	Thesaurierend	SRI/ESG
iShares Sustainable MSCI USA SRI UCITS ETF	IE00BYVJRR92	0,30 %	259 Mio.	USD	Thesaurierend	SRI/ESG
iShares MSCI Japan SRI UCITS ETF	IE00BYX8XC17	0,30 %	37 Mio.	USD	Thesaurierend	SRI/ESG
Franklin LibertyQ Global Equity SRI UCITS ETF	IE00BF2B0N83	0,40 %	5 Mio.	USD	Thesaurierend	SRI/ESG
Lyxor MSCI EM ESG Trend Leaders UCITS ETF - Acc	LU1769088581	0,30 %	10 Mio.	USD	Thesaurierend	SRI/ESG
UBS ETF (LU) MSCI EMU Socially Responsible UCITS ETF (EUR) A-dis	LU0629460675	0,28 %	565 Mio.	EUR	Ausschüttend	SRI/ESG
iShares Sustainable MSCI Emerging Markets SRI UCITS ETF	IE00BYVJRP78	0,35 %	152 Mio.	USD	Thesaurierend	SRI/ESG
UBS ETF (LU) MSCI USA Socially Responsible UCITS ETF (USD) A-dis	LU0629460089	0,33 %	562 Mio.	USD	Ausschüttend	SRI/ESG

iShares Sustainable MSCI Japan SRI EUR Hedged UCITS ETF (Acc)	IE00BYVJRQ85	0,35 %	47 Mio.	EUR	Thesaurierend	SRI/ESG
UBS ETF (LU) MSCI Japan Socially Responsible UCITS ETF (hedged to EUR) A-acc	LU1273488715	0,50 %	14 Mio.	EUR	Thesaurierend	SRI/ESG
Deka Oekom Euro Nachhaltigkeit UCITS ETF	DE000ETFL474	0,41 %	20 Mio.	EUR	Ausschüttend	SRI/ESG Oekom Research

Altersvorsorge 2.0 mit nachhaltigen ETFs

Neben privatem Vermögensaufbau bietet sich ETF-Wertpapiersparen auch für die private Altersvorsorge an. Es deutet alles darauf hin, dass sie in den kommenden Jahren und Jahrzehnten immer wichtiger und sogar zur zentralen Säule wird. Das zeigt sich in der Tatsache, dass private Altersvorsorge vom Staat nicht unwesentlich bezuschusst wird. Dem Staat scheint klar zu sein, dass unser Rentensystem, über kurz oder lang, zusammenbrechen wird. Deshalb sind die Bürger dazu angehalten, selbst vorzusorgen. Wir erhalten vom Staat daher eine Art zusätzliche Rendite in Form von Zuschüssen und/oder Steuervorteilen. Allerdings sieht der Gesetzgeber vor, dass man sich den Vermögensbetrag später nicht auszahlen lassen kann, sondern ihn verrenten muss. An dieser Stelle möchte ich erwähnen, dass Riester und Rürup sowohl für Angestellte, als auch Selbstständige nutzbar ist.

Die zentralen Stichworte sind Riester und Rürup. Und ja, ich weiß, obwohl wir diese Worte schon häufig gehört haben, wissen nur wenige, was wirklich dahintersteckt. Es gibt einen sehr pragmatischen Ansatz, ohne großen Zeiteinsatz profitieren zu können. Auf der Webseite www.fairr.de kann man sich über die verschiedenen Möglichkeiten nicht nur informieren, sondern auch direkt online und überaus unkompliziert einen Sparplan in die Wege leiten. Das tolle daran: fairr.de verdient nur dann Geld, wenn auch Du, der Kunde, Geld verdienst. Es ist die vielleicht einfachste und unkomplizierteste Art, private Altersvorsorge zu betreiben und zugleich von staatlichen Hilfen zu profitieren. Mir erscheint der Vorschlag brauchbar! Eine super Übersicht erhältst Du hier:

- http://www.faire-rente.de/methodik/liste-der-anbieter-und-pro-dukte/
- https://www.fairr.de/produkte/fairruerup/portfolio/
- https://www.fairr.de/produkte/fairruerup/kosten/

Du investierst nicht nur günstig in nachhaltige ETFs, sondern profitierst gleichzeitig von Steuervorteilen!

Außerdem können Angestellte auch von vermögenswirksamen Leistungen (VL) profitieren. Diese können sie, als Teil ihres Gehaltes, direkt vom Arbeitgeber (in einen geeigneten Sparplan) investieren lassen. Bei VL scheint es sich auf den ersten Blick um relativ geringe monatliche Beträgen zu handeln. Wer aber ein Verständnis von Zins- und Zinseszins Effekt hat, wird verstehen, dass kleine prozentuale Zuschüsse oder geringere Steuerbelastung auf lange Sicht mehrere zehntausend Euro ausmachen können!

Die Höhe der Leistungen wird bereits im Arbeitsvertrag festgelegt. Prüfe daher Deinen Arbeitsvertrag. Die höchste staatliche Förderung kannst Du übrigens bei Aktienfonds abgreifen. Dort hast Du auch die höchsten Renditeaussichten. Dabei möchte ich anführen, dass Du staatliche Förderungen auch dann in Anspruch nehmen kannst, wenn Du über dem Niveau von 20.000 Euro pro Jahr (bzw. 40.000 Euro bei Verheirateten) liegst. Dann entfällt zwar die zusätzliche Arbeitnehmersparplanzulage, dafür kannst Du aber für den Arbeitgeberanteil einen Vertrag abschließen.

Typische Fonds, die für vermögenswirksame Leistungen in Frage kommen sind: Gerling Select 21, Invesco Umwelt- und Technologiefonds, ÖkoWorld Ökovision Classic, Pioneer Funds Global Energy, Sarasin OekoSar Equity, Sarasin Sustainable Equity global oder der SEB ÖkoLux.

Du siehst, dass sich mit nachhaltigen ETFs sowohl hervorragende Einzelinvestments tätigen, als auch Altersvorsorge beitreiben lassen - und all das effizient, kostengünstig und strategisch klug.

Strategie # 5: Nachhaltige aktive Fonds

„Die Kosten für eine Wiederherstellung beschädigter Öko-
systeme sind zehnmal höher als für Naturschutz."
~ Tim Kasten

Wenn es um das Thema Investmentfonds geht, prallen nicht selten unterschiedliche Ansichten und Philosophien aufeinander. Während die Einen auf ETFs, also passiv verwaltete Fonds schwören, sind die Anderen davon überzeugt, dass nur aktiv verwaltete Fonds etwas taugen. Würden wir nun über klassische Fonds sprechen, würde ich mich ganz klar auf die Seite der ETF-Freunde stellen. Schließlich bieten sie gerade für passive, langfristig orientierte Anleger alles, was sie sich wünschen können. Allerdings muss in dieser Diskussion von Rendite, Risiko und Liquidität auch der Faktor Nachhaltigkeit berücksichtigt werden. In diesem Bereich gibt es meiner Meinung nach eine Reihe aktiv verwalteter Fonds, die ihr Geld wert sein könnten.

Bevor ich etwas näher auf die Vorteile eingehe und Dir anschließend eine kleine Auswahl interessanter, aktiv verwalteter Investmentfonds vorstelle, möchte ich Dich mit einem Fonds und Indexansatz vertraut machen, der meiner Meinung nach durchdacht, transparent und glaubwürdig ist – der „Natur Aktien Index".

NAI – Natur Aktien Index (Fonds: Green Effects)
Der sogenannte Natur-Aktien-Index (NAI) umfasst insgesamt 30 internationale Unternehmen. Genauso viele Titel wie zum Beispiel der DAX. Das sind im Hinblick auf eine breite Diversifizierung zwar weniger, als größere ETFs, dafür wurden die Unternehmen aber auch nach besonders strengen Kriterien ausgewählt. Zudem ist der NAI nach Ländern und Branchen gestreut. Die Unternehmen müssen sogenannte „erfolgreiche Öko-Vorreiter" sein. Das heißt, sie müssen verbindliche NAI-Kriterien erfüllen. Damit ist der NAI seit seiner Gründung 1997 eine ver-

lässliche Orientierung für „grüne Geldanlagen". Alle Unternehmen werden zunächst den gängigen Ausschlusskriterien unterzogen, bevor sie nachweisen müssen, mindestens zwei von vier Positiv-Kriterien zu erfüllen. Folgende Kriterien sind der Webseite des Natur Aktien Index zu entnehmen:

Kriterium # 1

Die Produkte oder Dienstleistungen des Unternehmens leisten einen bedeutsamen Beitrag für die nachhaltige (ökologische und soziale) Lösung wichtiger Menschheitsprobleme. Dazu zählen z. B.:

- regenerative Energieerzeugung
- biologische Landwirtschaft
- effiziente Wassertechnik
- sozial-ökologische orientierte Forschung, Finanzierung und Beratung
- Armutsbekämpfung

Kriterium # 2

Das Unternehmen ist Pionier in seinem Sektor hinsichtlich Produktgestaltung. Dazu zählen z. B.:

- Lebensdauer und Nutzungseffizienz
- Produktsicherheit
- Recyclingfähigkeit
- Ersatz gefährlicher Stoffe

Kriterium # 3

Das Unternehmen ist Pionier Sektor hinsichtlich technischer Gestaltung des Produktions- und Absatzprozesses. Dazu zählen z.B.:

- Minimierung des Energie- und Rohstoffverbrauchs
- Umweltverträglichkeit als Unternehmenspolitik
- ständige und nachhaltige Verbesserung der Umweltleistungen

Kriterium # 4

Das Unternehmen ist Pionier in seinem Sektor hinsichtlich sozialer Gestaltung des Produktions- und Absatzprozesses. Dazu zählen z.B.:

- Schaffung von Ausbildungs- und Arbeitsplätzen
- Sicherheit und Gesundheitsschutz am Arbeitsplatz
- überdurchschnittliche Weiterbildungsmöglichkeiten
- besondere Sozialleistungen
- Förderung von Frauen, ethnischen Minderheiten und sozialen Minderheiten

(Quelle: http://www.nai-index.de/seiten/kriterien_kurz.html)

Der wirtschaftliche Erfolg des Index spricht übrigens für sich. Der NAI abbildende Fonds „Green Effects" konnte seit 2013 eine Gesamtrendite von über 60 Prozent erzielen. Der DAX erzielte im selben Zeitraum eine Rendite von knapp 53 Prozent. Der MSCI World sogar „nur" von knapp 42 Prozent!

Vorteile aktiv verwalteter Fonds gegenüber ETFs

Bei aktiv verwalteten Fonds bezahlen wir einen Ausgabeaufschlag (Agio). Das ist ein prozentualer Betrag Deiner Anlagesumme, um überhaupt in den Fonds investieren zu können. Darüber hinaus sind die laufenden Kosten insbesondere für Management und Verwaltung aktiver Fonds deutlich höher. Eigentlich gute Gründe, sich sofort wieder von ihnen abzuwenden. Als Investoren mit dem Fokus auf Nachhaltigkeit bieten sie aber auch etwas, das ETFs nicht leisten können: Menschen als Fondsmanager. Während ETFs computergesteuert einen Index abbilden, werden aktive Fonds von Menschen verwaltet, die das Fondsvermögen, entsprechend festgelegter Kriterien und Parameter, investieren. Das führt dazu, dass viele aktiv verwaltete Fonds strengere Nachhaltigkeitsauflagen haben, da bei vielen Fonds beispielsweise ein sogenannter Anlageausschuss über die Auswahl entscheidet.

Ein weiterer allgemein anerkannter Vorteil aktiv verwalteter Fonds gegenüber ETFs ist, dass sie in Krisenzeiten ihre Barreserven erhöhen und das Fondsvermögen anderweitig investieren können. Während ETFs also auch in Krisenzeiten den Vergleichsindex abbilden, können Fondsmanager aktiv verwalteter Fonds desinvestieren und das Geld entsprechend (in vielleicht sogar lukrative Wertpapiere) umschichten.

Welche Investmentfonds nun für Dein Portfolio und Deine Nachhaltigkeitspräferenzen geeignet sind, darüber könnte das Siegel des „Forums Nachhaltige Geldanlagen" (FNG) eine Aussage machen. Dort wird nicht nur rigoros nach Ausschlusskriterien gearbeitet, sondern auch nach dem FNG-Nachhaltigkeitsprofil gescreent. Alternativ kann auch das Transparent-Label von EUROSIF, dem europäischen Dachverband für nachhaltiges Investment, die Investitionsentscheidung erleichtern. In meinen Augen sind auch die sogenannten Umweltfonds der Umweltbank Nürnberg, die eine stark ökologische Ausrichtung verfolgen, interessant.

31 ökologisch-nachhaltige und/oder ethisch-soziale Investmentfonds

Nachfolgend habe ich eine kleine Auswahl interessanter Investmentfonds zusammengestellt. Sie erhebt natürlich keinen Anspruch auf Vollständigkeit, sondern soll allenfalls Inspiration und Ansporn sein, das Thema nachhaltige Geldanlage aktiv anzugehen.

Aktiv verwaltete Fonds (Tabelle Stand 08/2018)	ISIN	TER / Agio	Fonds- volu- men	Wäh- rung	Aus- schüttung	Kriterien
AXA WF - Responsible Development Bonds A	LU0140866178	1,01% 5,50%	3 Mio.	EUR	Thesaurie- rend	Impact
DWS Klimawandel	DE000DWS0DT1	1,24% 5,00%	62 Mio.	EUR	Ausschüt- tend	Impact
DWS Water Sustaina- bility Fund	DE000DWS0DT1	1,46% 5,00%	174 Mio.	EUR	Ausschüt- tend	Impact
GLS Bank Aktienfonds	DE000A1W2CK8	1,54% kein	k.A.	EUR	Ausschüt- tend	Ausschluss + SRI/ESG
GLS Bank Klimafonds	DE000A2DTNA1	1,50% 2,50%	k.A.	EUR	Ausschüt- tend	Impact
GLS FairWorldFonds	LU0458538880	1,13% 2,50%	k.A.	EUR	Ausschüt- tend	Ausschluss + Impact
GreenEffects NAI-Wer- tefonds	IE0005895655	1,24% 4,00%	k. A.	EUR	Thesaurie- rend	SRI/ESG (NAI)
Invesco Umwelt und Nachhaltigkeits Fonds	DE0008470477	1,69% 5,00%	25 Mio.	EUR	Thesaurie- rend	Impact + Ausschluss
JSS Sustainable Water	LU0333595436	2,36% 3,00%	204 Mio.	EUR	Ausschüt- tend	Impact
KEPLER Ethik Aktien- fonds (IT) (T)	AT0000A1A1E3	1,21% 4,00%	k.A.	EUR	Thesaurie- rend	Ausschluss
Kepler Ethik Mix (A)	AT0000A19288	0,75% 3,00%	158 Mio.	EUR	Ausschüt- tend	Ausschlus
Kepler Ethik Renten- fonds (T)	AT0000642632	0,76% 3,00%	k.A.	EUR	Thesaurie- rend	Impact (Bonds)
KEPLER Öko Energien (T)	AT0000A0AMJ6	2,21% 4,50%	k.A.	EUR	Thesaurie- rend	Impact
natura semper nx-25 Fund R (T)	AT0000A1QDQ4	1,50% 3,00%	k.A.	EUR	Thesaurie- rend	SRI/ESG (NAI)
ÖkoWorld ÖkoVision Classic	LU0551476806	2,45% 5,00%	847 Mio.	EUR	Ausschüt- tend	Ausschluss + Impact

ÖkoWorld Water for Life	LU0332822492	2,75% 5,00%	20 Mio.	EUR	Thesaurie-rend	Impact
ÖkoWorld² ÖkoVision Garant 20	LU0332822906	2,29% 5,00%	16 Mio.	EUR	Thesaurie-rend	Ausschluss
Pictet - Timber-P EUR	LU0340559557	2,02% 5,00%	390 Mio.	EUR	Thesaurie-rend	Impact
Pictet Funds - European Sustainable Equities-I EUR	LU0144509550	0,63% 5,00%	204 Mio.	EUR	Thesaurie-rend	SRI/ESG
Raiffeisen-Nachhaltig-keit-Momentum (R) A	AT0000A1PKQ1	2,00% 5,00%	50 Mio.	EUR	Ausschüt-tend	Ausschluss + ESG/SRI
Raiffeisen-Nachhaltig-keitsfonds-Mix (A)	AT0000859517	1,46% 3,00%	208 Mio.	EUR	Ausschüt-tend	Ausschluss + SRI/ESG
Sarasin-FairInvest-Universal-Fonds I	DE0005317127	1,03% 2,00%	219 Mio.	EUR	Ausschüt-tend	Impact
SEB ÖkoLux EUR Fonds	LU0036592839	1,64% 4,50%	31 Mio.	EUR	Thesaurie-rend	SRI/ESG
Steyler Fair und Nach-haltig - Aktien - I	DE000A1JUVM6	1,42% 1,00%	40 Mio.	EUR	Ausschüt-tend	Ausschluss + SRI (Oe-kom)
Steyler Fair und Nach-haltig - Renten I	DE000A1WY1P4	0,75% 0,50%	62 Mio.	EUR	Ausschüt-tend	Ausschluss + ESG/SRI
Swisscanto (LU) Equi-ty Fund Global Climate Invest	LU0275317336	1,86% 5,00%	38 Mio.	EUR	Thesaurie-rend	Impact
Swisscanto (LU) Port-folio Fund Green In-vest Equity	LU0161535835	2,06% 3,00%	178 Mio.	EUR	Ausschüt-tend	Impact
Swisscanto BVG 3 Oe-ko 45	CH0011315915	k.A. 1,2%	71 Mio.	CH	Thesaurie-rend	Impact
Triodos Sustainable Bond Fonds	LU0278272769	1,18% 5,00%	k.A.	EUR	Ausschüt-tend	Ausschluss + ESG/SRI
Triodos Sustainable Pioneer Fonds	LU0278272843	1,99% 5,00%	k.A.	EUR	Ausschüt-tend	CSR + Im-pact
UBS (Lux) Equity Si-cav - Emerging Mar-kets Innovators	LU0398999499	2,12% 3,00%	16 Mio.	EUR	Thesaurie-rend	Impact

Die Auswahl an aktiv verwalteten Fonds im Nachhaltigkeitsbereich ist auf einige wenige Fondsanbieter beschränkt. Wenn Du Dich hier selbst auf die Suche machen willst, dann hast Du bei diesen Anbietern bzw. Banken die besten Chancen, fündig zu werden:

- Triodos
- UBS
- Swisscanto
- Sarasin
- AXA
- Kepler
- Pictet
- Invesco
- Sicav
- Steyler
- ÖkoWorld
- DWS
- Dr. Hoeller
- SEB
- Dexia

Komplett automatisiert mit Visual Vest

Ich weiß aus eigener Erfahrung, wie hoch die Hürde gerade am Anfang ist, Einkommen bzw. Angespartes zu investieren. Mit zunehmender Zeitdauer stellt man dann fest, dass es halb so wild ist Geld (nachhaltig) zu investieren, und es sogar viel Spaß macht. Dafür ist aber zunächst eine erste Hemmschwelle zu überwinden. Auf der Suche nach einer solchen Lösung bin ich auf die Plattform „Visual Vest" gestoßen. Das Team von Visual Vest stellt Dir, in Zusammenarbeit mit Portfoliomanagern von Union Investment, anhand Deines persönlichen Rendite-Risikoprofils ein individuelles, nachhaltiges Portfolio zusammen. Die Gebühren belaufen sich derzeit (Stand August 2018), auf 0,6 Prozent des Portfoliowerts. Gestreut wird Dein Investment global und über viele verschiedene Anlageklassen. Investiert werden kann in ETFs, aktiv verwaltete und nachhaltige Fonds (orientiert am FNG Prüfsiegel). Suche hier einfach nach „GreenFolio".

Der Vorteil? Dein Portfolio wird automatisch anhand Deiner Rendite-Risikoeinstellungen neu gewichtet (Rebalancing). Die Überprüfung erfolgt wöchentlich. Darüber hinaus gibt es bei VisualVest keine Mindestgebühr, keine Transaktionskosten, keine Ausgabeaufschläge, keine zusätzlichen Depotgebühren und sogar eine Provisionserstattung für aktiv verwaltete Fonds. Du zahlst für ein Portfolio von 6.000 Euro beispielsweise 3 Euro pro Monat Gebühren. Abgerechnet wird jährlich (Beispiel: 36 Euro pro Jahr).

Strategie # 6: Mikrofinanzfonds – ziemlich cool

Nicht Worte sollen wir lesen, sondern den Menschen,
den wir hinter den Worten fühlen.
~ Samuel Butler

In unseren Breitengraden ist es schwer vorstellbar, aber knapp die Hälfte der Weltbevölkerung muss ihr Leben von weniger als drei US-Dollar pro Tag bestreiten. Laut Weltbank liegt die offizielle Armutsgrenze bei knapp zwei US-Dollar pro Tag. Nach wie vor leiden heute immer noch nahezu eine Milliarde Menschen auf unseren Globus an Hunger. Ein Leben das wir uns in unserer Wohlstandblase lebend, kaum vorstellen können. Bei zahlreichen Reisen nach Mexiko, Mittel- und Südamerika habe ich Armut häufig hautnah erlebt und noch immer hinterlässt sie bei mir Spuren.

Wie kann es sein, dass das weltweite Vermögen – und damit die Chancen auf ein würdiges und selbstbestimmtes Leben – im 21. Jahrhundert noch immer derart ungleich verteilt sind? Sind wir so ignorant, liegt es ganz einfach in unserer menschlichen Natur, uns selbst am nächsten zu sein, oder ist gar das Wirtschaftssystem „schuld"? Wie lässt sich dieses Dilemma in Zukunft lösen und wie können wir unseren Anteil leisten?

Mikrofinanzfonds sind ein Tool, das jeder nachhaltige Investor kennen sollte – und dies nicht nur aus Diversifizierungszwecken. Die Investition in Mikrofinanzfonds war bis vor wenigen Jahren noch fast ausschließlich institutionellen Anlegern vorbehalten bzw. durch Kreditvergaben von großen Organisationen gestützt und finanziert. Die digitale Revolution, die auch im Finanzsektor immer deutlicher erkennbar wird (Stichwort Fintech), hinterlässt auch hier ihre Spuren. Heute haben selbst Privatanleger die Möglichkeit, sich mit moderaten Geldbeträgen an dieser Form der nachhaltigen „Entwicklungshilfe" zu beteiligen.

Was sind Mikrofinanzfonds?

Mikrofinanzfonds sind meines Erachtens eine wundervolle Geldanlage-möglichkeit für all jene, die eher einen Ansatz des „Impact Investings" verfolgen. Schließlich lässt sich damit deutlich direkter Einfluss auf die globale Entwicklung nehmen. Schließlich stellen Mikrofinanzfonds das Geld zur Verfügung, das Mikrofinanzinstitute weiterverleihen.

Weltweite Bekanntheit erhielten Mikrofinanzfonds bzw. Mikrokredite im Jahr 2007. Mohammed Yunus und seine geniale Idee, die „Grameen Bank", sollten hierfür später mit dem Friedensnobelpreis ausgezeichnet werden. Heute, mehr als ein Jahrzehnt später, gibt es in mehr als 100 Ländern der Erde weit über 400 Mikrofinanzinstitutionen. Dort können Kreditnehmer ihre Kleinkredite mit sogenannten Nanoversicherungen sogar gegen Ausfall absichern.

Aber was versteht genau unter einem Mikrofinanzfonds?

In vielen Entwicklungs- und Schwellenländern sind Bank-Infrastruktu-ren kaum oder nur sehr rudimentär vorhanden. Das heißt, dass der Zu-gang zu Krediten für Privatpersonen, für wirtschaftliche Tätigkeiten kaum möglich ist. Ihnen bleibt häufig nur die Möglichkeit, sich an zwie-lichtige Geldverleiher zu wenden, die horrende Zinsen verlangen. Yu-nus und seine „Gameen Bank" hatten es sich deshalb zum Ziel gesetzt, Kleinstkredite bzw. Mikrokredite zu vergeben. Die Beträge schwanken in der Regel zwischen 50 und 100 US-Dollar. Das Maximum beträgt bei den meisten Institutionen 1.000 US-Dollar.

Die Mikrofinanzierung hat sich heute zu einem der beliebtesten und vielversprechendsten Mitteln der Armutsbekämpfung entwickelt. Mikrofinanzorganisationen gewähren insbesondere Frauen in soge-nannten Entwicklungs- und Schwellenländern Kleinstkredite – und zwar ohne dafür Sicherheiten zu verlangen. Frauen, weil sie in der Re-gel besonders ehrlich und zuverlässig sind. Damit einher geht eine Stärkung der Frauenrolle, was erheblich zur Reduzierung von Diskrimi-nierung beiträgt.

Zwingende Voraussetzung ist, dass das Geld unternehmerisch verwendet werden muss. Die Kreditnehmer müssen darlegen, wie sie mit dem Kredit Einkommen für sich und ihre Familie generieren möchten. Anschließend wird überprüft, ob das auch umgesetzt wurde. Kredite können nicht für Konsumzwecke genutzt werden. Das Einkommen, das durch die Aufnahme der wirtschaftlichen Tätigkeit generiert wird, kommt den Familien zugute. Der Effekt ist somit indirekt. Die Kredite schaffen eine Motivation zur Selbsthilfe, bringen Existenzgründungen voran und stärken darüber hinaus die Frauenrolle. Mikrokredite geben den Menschen in Entwicklungs- und Schwellenländern die Möglichkeit (und Würde), selbst den Weg aus der Armut zu beschreiten.

Heute weiß man, dass dies eine Kultur fördert, in der man die Existenz in eigene Hände nimmt, was letztlich auch der gesamtvolkswirtschaftlichen Entwicklung dient. Schließlich werden durch Kredite Arbeitsplätze geschaffen, was zu mehr Wohlstand führt.

In einem System, in dem nahezu alles auf die ökonomische Performance getrimmt ist, meiner Meinung nach ein genialer Ansatz der Förderung!

Heute nehmen bereits über 100 Mio. Menschen weltweit die Dienstleistung von Mikrofinanzinstituten in Anspruch. Da Kredite aber ohne jegliche Sicherheiten vergeben werden, fragst Du Dich bestimmt, wie sich das auf die Rückzahlungsquote auswirkt: „Die wird sicherlich katastrophal sein!" Ja, das dachte ich zunächst auch. Doch das erstaunliche Gegenteil ist der Fall. Über 99 Prozent der Kreditnehmer, überwiegend Personen, die vorher von anderen Kreditinstituten als nicht zahlungswürdig eingestuft wurden, zahlen ihren Kredit zurück.

Warum?

Kreditnehmer müssen sich zunächst einer Kreditgruppe anschließen. Das heißt, dass auch andere Mitglieder der Gruppe für die Rückzahlung haften. Man bezieht damit auch den Aspekt sozialer Kontrolle und Solidarität mit ein. Zudem bieten viele Mikrofinanzinstitute den Kreditnehmern ein Training für den korrekten Umgang mit dem Kredit, stetige Unterweisung und Hilfe.

Vorteile, Nachteile und Rendite

Als Klein- und Privatanleger haben wir heute die tolle Möglichkeit, an dieser Entwicklung mit sogenannten Mikrofinanzfonds teilzuhaben und Menschen auf dem ganzen Globus zu unterstützen. Bevor ich auf die Renditeaussichten dieses nachhaltigen Geldanlageinstruments eingehe, möchte ich Dich kurz mit Vor- und Nachteilen vertraut machen.

Vorteile	Nachteile
Portfoliodiversifikation	Es gibt schwarze Schafe => auf Vergabemethode achten!
Relativ sicher (hohe Rückzahlungsquote)	Kaum schneller Ausstieg möglich (Liquidität)
Es gibt auch deutsche Mikrofinanzfonds (Oikocredit oder GLS Bank)	Häufig höhere Gebühren (bis zu 2 Prozent)
Durchaus attraktive Renditen	In der Regel muss ein Ausgabeaufschlag (Agio) bezahlt werden
Entwicklungen werden über mehrere Länder hinweg ausgeglichen (Diversifikation)	Mindestanlagesumme (mind. ca. 1.000 Euro)
	Währungsrisiken (werden in der Regel gehedgt), das erhöht aber die Gesamtkosten

Den größten Vorteil aus rein investitionstheoretischer Sicht möchte ich noch einmal kurz erläutern – die Diversifikation unseres (nachhaltigen) Portfolios! Die Investition in Mikrofinanzfonds kann erheblich zur Portfoliodiversifikation beitragen, da die Kreditnachfrage in Entwicklungs- und Schwellenländern nahezu unabhängig von den Entwicklungen am Gesamtmarkt ist. Im Fachjargon spricht man von einer niedrigen Korrelation zwischen Mikrofinanzfonds und Markt. Das heißt, dass selbst Krisen an Finanzmärkten nur einen eingeschränkten Einfluss auf die Rückzahlungsquote und damit das Risikoprofil von Mikrofinanzfonds haben. Wir diversifizieren unser Portfolio und die Ausfallquote der Kreditnehmer ist überaus gering (meist < 1 Prozent).

Auf der anderen Seite ist der Faktor Liquidität bei Mikrofinanzfonds etwas schwächer, da die Rückgabe von Fondsanteilen kaum kurzfristig möglich ist. Nicht selten ist eine (ein - bis dreimonatige) Kündigungsfrist zu beachten. Die häufig höheren Gebühren kommen durch den hohen Verwaltungsaufwand zustande, Geld an Mikrofinanzinstitute in fernen Ländern zu verleihen.

Es zeigt sich manchmal das Problem, das von der Weltbank als „the missing middle" bezeichnet wird. Viele Kreditnehmer finden sich, nachdem sie erste Fortschritte gemacht haben, plötzlich wieder in einer Zwickmühle wieder. Da sie Geld verdienen, sind sie auf einmal nicht mehr arm genug, um weitere Mikrokredite zu erhalten. Auf der anderen Seite bleibt ihnen aber auch weiterhin der Zugang zu frischem Kapital, durch konventionelle Banken, verwehrt. Viele Mikrofinanzinstitute legen daher großen Wert darauf, ebenfalls zu wachsen, um ihre Mikrokunden später weiterhin unterstützen zu können.

Nun fragst Du Dich bestimmt, wie es um die Rendite von Mikrofinanzfonds bestellt ist. Ein Thema, das mich während meiner Recherche ziemlich überraschte. Während die Mikrofinanzfonds der GLS Bank beispielsweise eine durchschnittliche Wertsteigerung von zwei bis drei Prozent erreichen, sind bei anderen Gesellschaften durchaus bis zu acht Prozent möglich. Das setzt aber, wie Du jetzt richtig rückgeschlossen hast, eine nicht unwesentliche Zinshöhe der Darlehen voraus.

Bitte beachte, dass nicht nur der erhebliche Verwaltungsaufwand sowie das Hedging von Währungsrisiken zu beachten sind, sondern auch das deutlich höhere Zinsniveau der anderen Länder. Man geht von einer durchschnittlichen Darlehenshöhe von etwa 35 Prozent p.a. aus. Für den Anleger bleiben davon etwa 6 Prozent. Für die Kreditnehmer, die sonst nur Wucherangebote von 20 Prozent am Tag kennen, somit ein günstiges Angebot.

Diese erhebliche Diskrepanz ist aber nicht nur auf den Verwaltungsaufwand zurückzuführen, sondern auch darauf, dass die Anbahnung- und die Rückzahlung nur mit hohem Aufwand (und häufig durch Angestellte vor Ort) gewährleistet werden kann.

13 interessante Mikrofinanzfonds im Fokus

Bevor ich mit den Recherchen für dieses Buch angefangen hatte, kannte ich Mikrofinanzfonds zwar, mir war aber nicht klar, dass ich auch als Privatanleger darin investieren könnte. Als ich mich dann nach konkreten Mikrofinanzfonds umsah, war ich überrascht, wie breit das Angebot heute bereits ist.

Einige der interessantesten Fonds möchte ich Dir in einer kleinen Übersicht näher vorstellen. Solltest Du Dein Geld hierzulande verwendet sehen, dann ist die GLS-Bank eine hervorragende Option. Sie bietet einen Mikrofinanzfonds für Arbeitslose oder Sozialhilfeempfänger, die den Schritt in die Selbstständigkeit wagen wollen. Häufig reicht hierfür ja bereits ein Kredit von 1.000 bis 20.000 Euro.

Bei allen aufgelisteten Mikrofinanzfonds ist darüber hinaus ein Mindestanlagebetrag zu investieren. Zudem ist auch hier auf das Währungsrisiko zu achten, sollte der Fonds auf US-Dollar lauten. Die meisten Mikrofinanzfonds sind ausschüttend, einige wenige thesaurierend.

Mikrofinanz-fonds (Tabelle Stand 08/2018)	ISIN	Fonds-wäh-rung	Ausschüttung	TER / Agio	Min-destan-lagebe-trag	Zweck
DUAL RETURN FUND - Vision Microfinance A-EUR	LU0563441798	EUR	Ausschüttend	2,50% 3,00%	1.000€	Mikrokredite in Lateinamerika, Zentral- und Osteuropa so-wie Asien und Afrika
DUAL RETURN FUND - Vision Microfinance EUR	LU0236782842	EUR	Thesaurie-rend	1,95% 3,00%	1.000€	Mikrokredite in Lateinamerika, Zentral- und Osteuropa so-wie Asien und Afrika
DUAL RETURN FUND - Vision Microfinance Lo-cal Currency A-EUR	LU0591909972	EUR	Ausschüttend	2,81% 5,00%	1.000€	Refinanzierung von MFI
Dual Return Fund - Vision Microfinance	LU0563441798	EUR	Ausschüttend	1,45% 3,00%	1.000€	Mikrokredite insbesondere für Kleinunter-nehmerinnen in Lateinamerika
Dual Return Fund - Vision Microfinance	LU0646936202	USD	Thesaurie-rend	1,98% 3,00%	1.000$	Refinanzierung von MFI
GLS AI (Alterna-tive Invest-ments)- Mikrofi-nanzfonds	LU1309710678	EUR	Ausschüttend	2,04% 2,50%	-	Mikrokredite für Kleinunter-nehmer in Süd-osteuropa, La-teinamerika, Asien und Afri-ka
GLS KCD Mikro-finanzfonds – III	LU1106543249	EUR	Ausschüttend	1,72% 3,00%	1.000€	Mikrokredite insbesondere für Kleinunter-nehmerinnen
IIV Mikrofinanz-fonds	DE000A1H44T1	EUR	Ausschüttend	1,94% 3,00%	100€	Mikrokredite insbesondere für Kleinunter-nehmerinnen
Oikocredit	-	EUR	Ausschüttend	-	ab 200€	Weltweit nach-haltige, sozial gerechte Ent-wicklung
responsAbility Global Microfi-nance Fund	LU0180189770	USD	Thesaurie-rend	2,59% 5,00%	1.000$	Mikrokredite in Entwicklungs-und Transi-tionsländern

responsAbility Global Microfinance Fund H EUR	LU0180190273	EUR	Thesaurierend	2,09% 5,00%	1.000€	Mikrokredite in Entwicklungs- und Transitionsländern
Wallberg Global Microfinance Fund I	LU0375612404	EUR	Ausschüttend	1,69% 1,00%	90.000€	Mikrokredite, sowie Mikroversicherungen, -wohnungsbau, -versorgung und -infrastruktur
Wallberg Global Microfinance Fund	LU0375612230	EUR	Thesaurierend	2,09% 3,00%	1.000€	Mikrokredite, sowie Mikroversicherungen, -wohnungsbau, -versorgung und -infrastruktur

Solltest Du bei Oikocredit investieren wollen, eine in meinen Augen sehr transparente und vertrauenswürdige Genossenschaft, musst Du zunächst Mitglied im Förderkreis Deiner Region werden. Der Jahresbeitrag beträgt 20 Euro. Die Mindestbeteiligung (ein Anteil) beträgt 200 Euro. Anschließend partizipierst Du von den Dividenden, die jedoch auf maximal zwei Prozent pro Jahr begrenzt sind.

Strategie # 7: Nachhaltiges Crowdinvesting

„Wir sägen am Ast, auf dem wir sitzen.
Das Bevölkerungswachstum weltweit hält an und alle
zusammen leben wir deutlich über unsere Verhältnisse.
Wenn wir im Jahr 2050 neun Milliarden Menschen
versorgen wollen, ist es dringend Zeit zu handeln."
~ Eberhard Brandes

Bestimmt hast Du schon einmal von Crowdfunding gehört. Crowdinvesting ist die Weiterentwicklung von Crowdfunding auf finanzieller Renditebasis. Das heißt, während man bei Crowdfunding eher auf symbolischer Ebene für seine finanzielle Unterstützung kompensiert wird, erfolgt die Rückzahlung bei Crowdinvestments ganz klassisch in Form von Zinsen.

Die Fintech-Revolution macht es Privatinvestoren mit der „Erfindung" des Crowdinvesting möglich, wie die ganz Großen zu agieren. Diese Art der Unternehmensbeteiligung war bis vor wenigen Jahren lediglich kapitalstarken Investoren (insb. „Business Angels" und „Venture Kapitalisten") vorbehalten. Mittels Crowdinvesting-Plattformen können heute aber auch Privatinvestoren wie milliardenschwere „Business Angels" und „Venture Capitalisten" in junge Unternehmen und Starups investieren – und das sogar im Nachhaltigkeitsbereich! Diese Möglichkeit war für mich, neben den Mikrofinanzfonds, die größte Überraschung meiner Recherchearbeit. Ich war davon so begeistert, dass ich schon wenige Wochen später, zum Abschluss des Buches, einige Tausend Euro in verschiedenste ökologische und soziale Projekte quer über den Globus investiert habe. Ich spende zwar schon seit einigen Jahren Monat für Monat 40 Euro an die Flüchtlingshilfe, freue mich aber, meine Spenden mit Impact Investments, die sogar eine finanzielle Rendite abwerfen, endlich sukzessive ergänzen zu können.

Was ist Crowdinvesting?

Beim Crowdinvesting ermöglicht eine Community mit vielen Einzelinvestments Projektfinanzierungen und Unternehmensgründungen. Für viele Unternehmen und Startups ist diese Finanzierungsform eine gute Alternative zu Fremdkapital, um Geschäftsideen erfolgreich umzusetzen bzw. Zugang zu Eigenkapital zu erhalten, um Fremdkapital aufnehmen zu können. Als Investor profitierst Du von potentiellen Gewinnen des Unternehmens/Projekts und unter Umständen sogar dem Verkauf des Unternehmens an Großinvestoren.

Nachhaltiges Crowdinvesting verspricht lukrative Renditen, zählt allerdings auch zu den risikoreicheren Kapitalanlagen. Schließlich kannst Du Dein gesamtes eingesetztes Geld verlieren, wenn das Unternehmen nicht erfolgreich ist, bzw. ein Projekt scheitert. Du begibst Dich damit ganz klar in Richtung Risikokapital. Es gilt einmal mehr: Setze kein Geld ein, auf das Du nicht gänzlich verzichten kannst!

Auf nachhaltigen Crowdinvesting-Plattformen können Gründer, Startups oder nachhaltige Unternehmen Geschäftsideen bzw. Projekte vorstellen. Sie wählen eine mindestens zu erreichende Investitionssumme (Mindestfinanzierungsbetrag), bevor die Angaben der Kapitalsuchenden von der jeweiligen Crowdinvesting-Plattform geprüft werden. Nur bei positivem Ergebnis wird das Gesuch veröffentlicht. Nun geht es darum, innerhalb einer gewissen Zeitdauer die Mindestfinanzierungssumme zu erreichen. Nur in diesem Fall fließt das Geld auch, ansonsten erhält der Investor sein Geld zurück. Bei erfolgreichen Finanzierungen erhalten Investoren von den jeweiligen Unternehmen regelmäßige Informationen über den aktuellen Geschäftsverlauf und bei Erfolg regelmäßig eine vorher vereinbarte Rendite.

Mit Deinen Investitionen erwirbst Du in der Regel sogenannte Genussrechte bzw. stille Beteiligungen. Das hat zur Folge, dass Du, im Gegensatz zu Aktien, kein Mitsprache- bzw. Stimmrecht hast. Bei Kommanditgesellschaftsbeteiligungen wiederum wirst Du Gesellschafter und erwirbst damit auch ein Stimmrecht. Welche Anteilsform Du also zeichnest, bitte ich Dich daher, von Einzelfall zu Einzelfall, zu prüfen. Dir muss klar sein, dass Deine Beteiligungen sogenannte Nachrangdarlehen sind. Das bedeutet, dass Du als Investor, im Falle einer Insolvenz, erst nach allen anderen Gläubigern ausbezahlt wirst (das heißt meist gar nicht!).

Gerade im Hinblick auf die Liquidität im Rahmen des Investmentvierecks schneiden Crowdinvestments unterdurchschnittlich ab. Schließlich ist es kaum möglich und unter Umständen mit sehr hohen Kosten verbunden, Anteile vor Rückzahlung zu veräußern. Eine Tendenz, die bei allen Impact Investments verstärkt zu beobachten ist. Das, gepaart mit einem Risiko bis zum Totalverlust, das ich selbst schon einmal „erleben" durfte (glücklicherweise mit einem relativ geringen Investment von damals nur 50 Euro), macht Crowdinvestments zu Investitionen, mit denne wir einen hohen Einfluss nehmen können, die aber auch sehr riskant sind. Dieses Risiko wird in der Regel mit einer, gegenüber klassischen Anleihen, höheren jährlichen Ausschüttung belohnt. Darüber hinaus sind sie besonders transparent und erlauben es uns, besonders direkten Einfluss auszuüben.

Vorteile und Rendite

Ich bin ein überaus passiver Investor. Ich mag Investitionen, die ich auch über längere Zeit liegen lassen kann, ohne mich zu sehr um deren Entwicklung kümmern zu müssen. Schließlich reduziert jede Minute, die diese Art meiner Geldinvestitionen von mir verlangt, den passiven Charakter meiner Investments. Crowdinvestments haben aber noch einige andere nennenswerte Vorteile.

Vorteile	Nachteile
Zusatzgewinne möglich, wenn die Beteiligungen durch Unternehmenserfolg im Wert steigen	Nachrangdarlehen (bei Unternehmenspleite kann das Totalverlust bedeuten)
Impact Investing => hohe Transparenz und direkter Einfluss	Noch relativ jung, daher eingeschränkte Auswahl
Diversifikation => niedrige Korrelation zum Finanzmarkt	
Bis dato (08/2018) keine Depotgebühren	
Bis dato (08/2018) keine Transaktionskosten	
Schon mit geringem Kapital möglich (ab 50€)	

Bei einigen nachhaltigen Crowdinvesting-Plattformen kann man bereits kleine Tranchen (z. B. ab 50 Euro) erwerben. Das bedeutet, dass Du theoretisch schon mit 5.000 Euro einen 1-Prozent Diversifikationsgrad Deiner Investitionen erreichen kannst.

Was heißt 1-Prozent Diversifikation?

Für Klein- und Privatanleger ist es aus Risikogesichtspunkten ein erstrebenswertes Ziel, innerhalb einer Assetklasse (z. B. Crowdinvesting, ETFs und Aktien oder P2P-Kredite) Investitionen so breit wie möglich zu streuen. Gelingt es, dass keine der Investitionen mehr als ein Prozent der Gesamtinvestition der jeweiligen Assetklasse ausmacht, kann man von einer breiten Diversifikation und einem dadurch deutlich minimierten Risiko sprechen. Schließlich lassen sich damit sogar etwaige Totalausfälle gut verkraften bzw. durch die anderen 99 Investments auffangen.

Die Renditen bewegen sich bei nachhaltigen Crowdinvestments, abhängig von Plattform und Projekt von ca. 2 Prozent (GLS) über bis zu 12 Prozent bei der mir besonders sympathischen Plattform „Bettervest" und reichen gar bis (sehr risikoreichen) 50 Prozent bei FounderNation. Letztere Plattform fokussiert sich besonders auf die Finanzierung von Startups und jungen Unternehmen im Sektor der Zukunftstechnologie. Investitionen sind hier allerdings schon als halbe Wetten anzusehen, da die Ausfallrisiken zum Teil erheblich sind.

9 interessante, nachhaltige Plattformen

In diesem Kapitel möchte ich Dir einige nachhaltige Crowdinvesting-Plattformen vorstellen. Ich habe bisher nur auf Bettervest erste Investments getätigt, weil mir dort die geringe Mindestanlagesumme sympathisch ist und ich mich ganz gerne langsam an neue Assetklassen herantaste. Damit auch Du das Passende findest, habe ich eine Übersicht anhand wichtiger Parameter erstellt.

Plattform	Mindestanlage	Laufzeiten der Beteiligungen	Renditeerwartungen	Art der Investition
Bettervest	50€	1 bis 10 Jahre	4 bis 12%	Nachhaltige Projekte
WiWin	500€	i. d. R. 1 bis 5 Jahre	2 bis 7%	Ökologische Projekte
GLS Crowd	250€	i. d. R. bis 5 Jahre	bis 7%	Nachhaltige Projekte + Unternehmen
GreenVesting	100€	i. d. R. 1 bis 8 Jahre	bis 7%	Nachhaltige Projekte
Green Rocket	250€	i. d. R. 3 bis 10 Jahre	bis 7%	Energie, Umwelt, Mobilität, Gesundheit
FounderNation	100€	i. d. R. bis 5 Jahre	bis 50%	Zukunftstechnologie
Umweltbank	500€	i. d. R. bis 7 Jahre	bis 7%	Projektanleihen von Umweltprojekten
Fairpla.net	250€	i. d. R. bis 7 Jahre	i. d. R. bis 3%	Klimaschutz
LeihDeinerUmweltGeld	100€	i. d. R. bis 7 Jahre	bis zu 8%	Umweltprojekte

Darüber hinaus gibt es noch eine Reihe anderer, klassischer Crowdinvesting-Plattformen, die nicht nur ausschließlich nachhaltige Projekte und Unternehmen zulassen. Nicht selten tummeln sich auch hier zukunftsweisende (nachhaltige) Unternehmensideen bzw. Start-ups, die sich im sozialen Bereich etablieren wollen. Besonders bekannt sind die Plattformen Companisto, Seedmatch oder Conda.

In meinen Augen lässt sich der Fortschritt nachhaltiger Geldanlagen, vor allem an in der Fintech-Entdeckung „Crowdinvesting", beobachten. Dort trifft Impact Investing auf zum Teil immense Renditechancen.

Strategie # 8: In Bäume investieren

Wir stoßen jedes Jahr zweimal so viel Treibhausgas aus wie
Wälder und Meere absorbieren können.
~ Jorgen Randers

Eine der ersten nachhaltigen Projekte, die auch für den privaten Anleger zugänglich wurden, waren Waldinvestments. Darunter versteht man Investitionen, die für die Anpflanzung neuer Bäume im Rahmen ökologischer Projekte getätigt werden. Anschließend wächst und gedeiht über Jahre und Jahrzehnte ein Wald, der einen wichtigen Beitrag zum Klimaschutz leistet, bevor er schließlich „abgeerntet" und durch den Verkauf in finanzielle Rendite verwandelt wird. Deine Investition ist somit keine rein finanzielle, sondern auch eine in Artenvielfalt, Klimaschutz durch CO2-Reduktion.

Warum?

Wald bindet CO2 und verwandelt es in Sauerstoff. Hemmungslose Rodung, gerade der Lunge unserer Erde, des Ur- und Regenwaldes, vernichtet nicht nur den Lebensraum für seltene, teils vom Aussterben bedrohte Tiere, sondern hat auch für den Menschen weitreichende Konsequenzen. Schließlich produzieren Bäume nicht nur lebensnotwendigen Sauerstoff, sie entziehen der Luft auch Giftstoffe und können sogar Radioaktivität verringern! Darüber hinaus speichert Wald Wasser und kann es filtern und sogar wieder Trinkwasser daraus machen.

Mehr Wald bremst die Klimaerwärmung, reinigt unsere Luft und bietet Lebensraum für den Erhalt der Artenvielfalt unseres einzigartigen Planeten. Bauminvestitionen gehören damit zu den reinsten aller Impact Investments, die zudem lukrative finanzielle Renditen versprechen. Sie dürfen meines Erachtens in keinem nachhaltigen Portfolio fehlen.

Vorteile und Renditechancen

Auch für diese Anlageklasse gibt es eine Reihe Vor- und Nachteile. Es ist, wie das Crowdinvesting, ein Sektor des Impact Investings in dem wir es mit tollen Renditen aber auch hohem Risiko zu tun haben. Das lockt natürlich schwarze Schafe an. Weil wir uns hier im wenig reglementierten, grauen Kapitalmarkt befinden, und sich das Investment durch lange Laufzeiten und geringe Liquidität auszeichnet, möchte ich Dich besonders darauf hinweisen, jedes Angebot genau und von Fall zu Fall zu untersuchen.

Vorteile	Nachteile
Transparente Impact Investments	Langfristiger Anlagehorizont Voraussetzung
Gerade für passive, langfristig orientierte Anleger optimal	Manchmal (wenig nachhaltige) Baum-Monokulturen
Holz ist wichtiger Rohstoff, der immer (mehr) gebraucht wird (Baumaterial, Energiequelle)	Manchmal Vertreibung indigener Völker – daher sehr gut prüfen!
Kaum Korrelation zum Finanzmarkt bzw. anderen Anlageklassen	Häufig geschlossene Fonds => grauer Kapitalmarkt
Wachstum unabhängig von Wirtschaft	
Nachfragetendenz aktuell sogar stark steigend	
Hohe (stabile) Renditechancen	

Grundsätzlich ist mir diese Anlageform, nicht nur aufgrund des ökologischen Einflusses, sympathisch. Holzinvestitionen verlangen von Anlegern zu allererst einen langen Anlagehorizont. Das kommt mir als faulen, passiven Investortypen sehr entgegen. Schließlich wachsen Bäume nicht nur unabhängig von der wirtschaftlichen und politischen Situation, sondern die Erträge stammen zu drei Viertel aus dem biologischen Wachstum, während steigende Holzpreise vermehrte Nachfrage sowie der Wertzuwachs von Grund und Boden nur etwa fünf Prozent des Ertrages ausmachen. Daraus ergeben sich attraktive Renditechancen, wie sich beispielsweise am „KCREIF Timberland Index" ablesen lässt. Er zeigt die Wertentwicklung von Waldbesitz in Nordamerika und wies von 2008 bis 2018 eine Gesamtrendite von 96,06 Prozent auf. Das macht im annualisierten Durchschnitt etwa 10 Prozent pro Jahr und entspricht damit der 10-jährigen kumulierten Rendite des DAX!

Wie und wo in Holz investieren?

Neben den Direktinvestitionen in Holz, meist mittels geschlossener Fonds, kannst Du auch im Rahmen von ETFs, aktiven Fonds oder Aktien in Holz bzw. die Holzbranche investieren. Besonders bekannt unter den aktiv verwalteten Holzfonds ist der sogenannte „Pictet Timber" mit einer beeindruckenden 5-Jahres Performance (2013-2018) von über 50 Prozent. Zu den bekanntesten Holz ETFs zählt der „iShares S&P Timber & Forestry", der 25 der größten globalen Unternehmen aus dem Holz- und Forstsektor abbildet. Neben einem TER von respektablen 0,65 Prozent kommt auch ein Währungsrisiko hinzu, da der ETF auf US-Dollar lautet. Dafür konnte der „iShares S&P Timber & Forestry" allerdings eine beeindruckende 5-Jahres Performance (2013-2018) von knapp 70 Prozent erreichen.

Darüber hinaus bieten geschlossene Fonds die Möglichkeit, sich direkt an Wiederaufforstungsprojekten zu beteiligen. Da es sich hier jedoch häufig um Edelholz-Plantagen in Form von Monokulturen handelt, die in meinen Augen weniger nachhaltig sind, möchte ich ein Projekt vorstellen, das strategische Wiederaufforstung in Form von Mischwäldern betreibt und für eine selektive „Ernte" steht. Das heißt, die Bäume werden sorgfältig ausgewählt und einzeln und mit Umsicht gefällt, nicht durch hemmungslosen Kahlschlag.

Bei „Forest Finance" kannst Du bereits mit einer monatlichen Sparrate von 38€ in ein spannendes Wiederaufforstungsprojekt in Panama investieren. Im kleinsten möglichen „BaumSparVertrag" investierst Du zwölf Monatsraten à 38 Euro (auch als Einmalzahlung möglich). Für diesen Betrag wird Edelholz-Mischwald auf einer Fläche von 125 Quadratmetern (ca. 12 Bäume) gepflanzt und über 25 Jahre für Dich gepflegt. Anschließend partizipierst Du am Verkaufserlös mit einer mittleren Rendite von ca. 6 Prozent. Alternativ werden zeitlich kürzere Direktinvestitionen in Aufforstungsprojekte ab etwa 2.000 Euro angeboten.

6 nachhaltige Musterportfolios

„Mensch: ein vernunftbegabtes Wesen, das
immer dann die Ruhe verliert, wenn von ihm verlangt wird,
dass es nach Vernunftgesetzen handeln soll."
~ Oscar Wilde

In meinen Büchern steht Praktikabilität und unmittelbare Anwendbarkeit immer im Vordergrund. Ich schreibe Bücher, die ich selbst gerne lesen würde, die aber nicht auf dem Büchermarkt zu finden sind. Aus eigener Erfahrung und vielen Leserberichten weiß ich, dass der schwierigste Schritt, auch nach eingehender Lektüre, die praktische Umsetzung des gelesenen ist. Daher werde ich Dir in diesem Kapitel einige nachhaltige Portfolioversionen vorstellen. Ich werde die denkbaren Gewichtungen anhand von drei fiktiven Personen mit unterschiedlichen Risikopräferenzen und Nachhaltigkeitstendenzen aufzeigen. Dein Alter sollte eine ganz entscheidende Rolle bei Deinen Risikoüberlegungen spielen. Grundsätzlich gilt, je jünger eine Person ist, umso höheres Risiko kann sie eingehen. Schließlich bleibt ihr mehr Zeit, etwaige Verluste durch zukünftige Gewinne wieder auszugleichen. Diese Tatsache geht Hand in Hand mit den Erkenntnissen, dass der Anlagehorizont den größten Einfluss auf den Anlageerfolg hat. Überprüfe daher anhand Deines Alters, welches Risikoniveau für Dich am besten geeignet wäre.

Dein Alter (Risikoniveau)
- Bis 35 Jahre (hohes Risiko) => risikofreudig
- Bis 55 Jahre (mittleres Risiko) => neutral
- Ab 55 Jahre (niedriges Risiko) => konservativ

Zudem musst Du Dir natürlich überlegen, ob Du Vermögen oder passives Einkommen aufbauen möchtest. Wenn Du passives Einkommen erzielen willst, sind ausschüttende Anlageprodukte zu wählen, bevorzugst Du Vermögensaufbau, wähle thesaurierende Anlageprodukte. Natürlich lassen sich auch beide Ausschüttungsarten wunderbar miteinander kombinieren – so mache ich das persönlich.

Meine Erfahrung hat mir gezeigt, dass, neben dem wichtigsten Faktor Anlagehorizont, eine breite Diversifikation der maßgebend Faktor für einen nachhaltigen Investitionserfolg ist. Daher habe ich allen drei Anlagetypen und allen sechs Musterportfolios stets alle sechs Anlageklassen beigemischt. Wenn Du die ein oder andere Anlageklasse weglassen möchtest, verteile ihren Anteil am besten auf die übrigen Anlageklassen. Mindestens drei Anlageklassen sollten es in meinen Augen aber schon sein.

Person 1 (unter 35 Jahre, hohes Risiko)

Nachhaltigkeitstendenz: normal => eher ESG (Ausschluss + Positiv Screening)

Anlageklasse	Portfoliogewichtung in Prozent
Festgeld/Tagesgeld	5
Anleihen/Anleihenfonds (aktiv / ETF)	20
Aktien / Aktienfonds (aktiv / ETF)	50
Mikrofinanzfonds	10
Crowdinvesting	10
Bäume	5

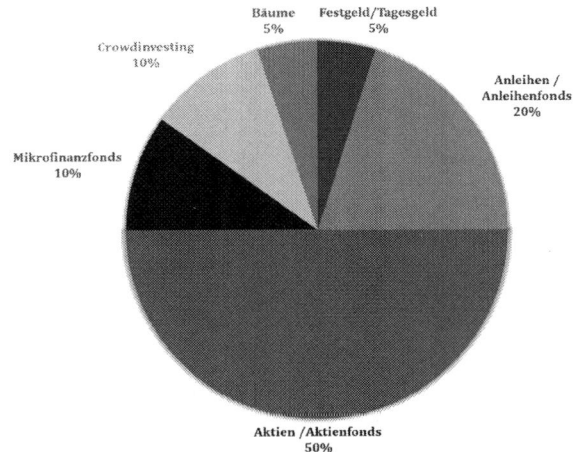

Person 1 (unter 35 Jahre, hohes Risiko)

Nachhaltigkeitstendenz: Stark => eher Impact Investing

Anlageklasse	Portfoliogewichtung in Prozent
Festgeld/Tagesgeld	5
Anleihen/Anleihenfonds (aktiv / ETF)	20
Aktien / Aktienfonds (aktiv / ETF)	25
Mikrofinanzfonds	15
Crowdinvesting	20
Bäume	15

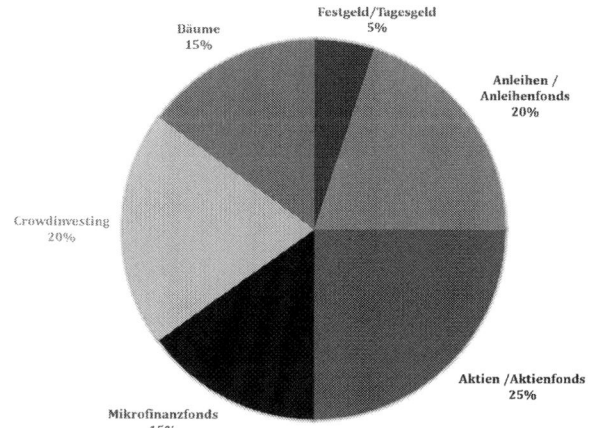

Person 2 (unter 55 Jahre, mittleres Risiko)

Nachhaltigkeitstendenz: normal => eher ESG (Ausschluss + Positiv Screening)

Anlageklasse	Portfoliogewichtung in Prozent
Festgeld/Tagesgeld	10
Anleihen/Anleihenfonds (aktiv / ETF)	35
Aktien / Aktienfonds (aktiv / ETF)	30
Mikrofinanzfonds	10
Crowdinvesting	10
Bäume	5

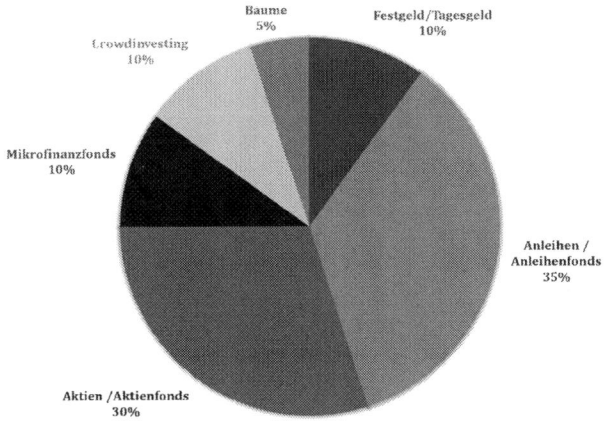

Person 2 (unter 55 Jahre, mittleres Risiko)

Nachhaltigkeitstendenz: Stark => eher Impact Investing

Anlageklasse	Portfoliogewichtung in Prozent
Festgeld/Tagesgeld	10
Anleihen/Anleihenfonds (aktiv / ETF)	30
Aktien / Aktienfonds (aktiv / ETF)	20
Mikrofinanzfonds	15
Crowdinvesting	15
Bäume	10

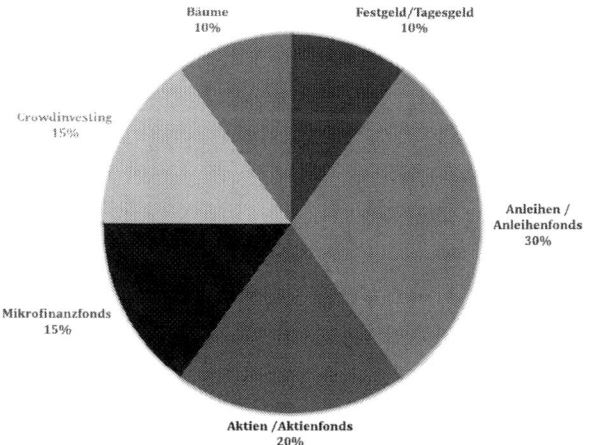

Person 3 (ab 55 Jahre, niedriges Risiko)

Nachhaltigkeitstendenz: normal => eher ESG (Ausschluss + Positiv Screening)

Anlageklasse	Portfoliogewichtung in Prozent
Festgeld/Tagesgeld	10
Anleihen/Anleihenfonds (aktiv / ETF)	60
Aktien / Aktienfonds (aktiv / ETF)	20
Mikrofinanzfonds	3
Crowdinvesting	4
Bäume	3

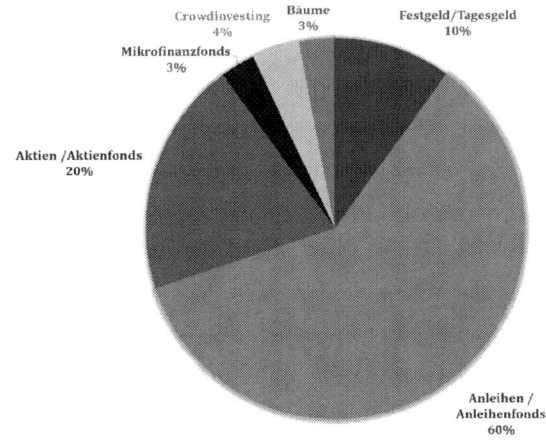

Person 3 (ab 55 Jahre, niedriges Risiko)
Nachhaltigkeitstendenz: Stark => eher Impact Investing

Anlageklasse	Portfoliogewichtung in Prozent
Festgeld/Tagesgeld	10
Anleihen/Anleihenfonds (aktiv / ETF)	60
Aktien / Aktienfonds (aktiv / ETF)	15
Mikrofinanzfonds	5
Crowdinvesting	5
Bäume	5

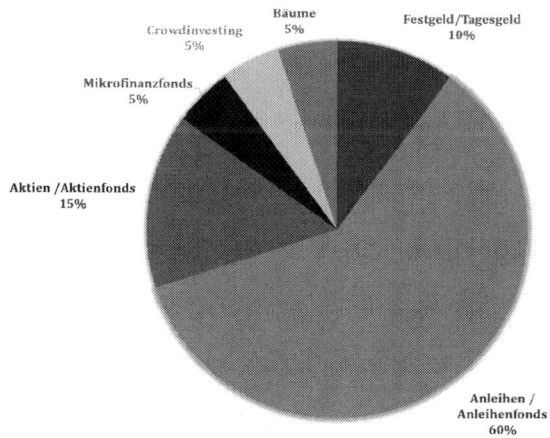

Diese sechs Musterportfolios sind lediglich grobe Vorschläge, die Dir dabei helfen sollen, eine Deinen Risikopräferenzen angemessene Verteilung und Gewichtung der verschiedenen nachhaltigen Assetklassen zu gewährleisten. Du solltest sie individuell an Deine persönlichen Präferenzen und Ziele angleichen. Diese Verteilung gilt es anschließend durch regelmäßige Neugewichtung (Rebalancing) aufrechtzuerhalten. Als überaus passiver Investor mit sehr langfristigem Anlagehorizont gewichte ich meine Posten lediglich einmal im Jahr neu.

Mit Nachhaltigkeit Unternehmer werden

„Die entscheidende Zutat ist,
deinen Arsch hochzukriegen und etwas zu tun.
So einfach ist das. Viele Menschen haben Ideen,
aber nur wenige entscheiden sich, sie auch anzugehen: nicht
morgen, nicht nächste Woche, sondern heute. Ein wahrer
Entrepreneur ist ein Macher, kein Träumer."
~ Nolan Bushnell

Wir nähern uns mit großen Schritten dem Ende dieses Buches. Daher habe ich noch einmal ziemlich harte Worte gewählt, um Deine Aufmerksamkeit für den Rest dieser Lektüre hochzuhalten.

Wer meine anderen Bücher kennt und meinem Blog folgt, weiß, dass ich mich nicht nur als Autor, sondern vielmehr als Unternehmer sehe. Das eigene Unternehmen war immer mein großer Traum. In meinen Augen ist es der einzige Weg, dem Hamsterrad nicht erst mit Herannahen des Rentenalters zu entkommen, sondern schon in jungen Jahren den Absprung zu schaffen. Noch viel wichtiger aber ist für mich, einer Tätigkeit nachzugehen, die mich erfüllt und glücklich macht.

Wer einen Job hat, den er auch ohne Bezahlung ausüben würde, der hat seine wahre Berufung gefunden und sieht ihn nicht länger als Arbeit.

Heute haben wir – nicht zuletzt durch die digitale Revolution – die tolle Möglichkeit, uns ohne große Risiken ein Unternehmen zu gründen. Enscheidend für diese Wendung ist, dass wir durch das Internet direkt an Endkunden herantreten können und dafür nicht mehr länger Intermediäre benötigen. Möchtest auch Du diesem Traum nachjagen und neben

Ausbildung, Studium oder Beruf eine Nebenbeschäftigung zum Hauptberuf machen? Und das ohne Dich dafür in ein großes finanzielles Risiko zu stürzen? Und das Ganze mit einer Geschäftsidee, die ökologische und soziale Faktoren beachtet? Nun genau dafür habe ich einige meiner besten Tipps und Tricks in diesem Kapitel für Dich zusammengetragen.

Ich füge diesen Punkt an, weil das eigene Projekt in meinen Augen stets die höchsten Renditen abwirft. Du kannst zwar mit Investitionen, ohne größere Risiken einzugehen, locker acht Prozent Rendite im Jahr erwirtschaften (und Deine Investition damit in neun Jahren verdoppeln), aber Renditen von 100 oder gar mehr Prozent sind mit Investitionen für Privatanleger so gut wie ausgeschlossen. Diese Zahlen lassen sich meines Erachtens nur mit einem eigenen nachhaltigen Unternehmen realisieren. Ganz abgesehen von der Kontrolle über die Höhe Deines Einkommens und den Einfluss Deiner Tätigkeit auf Mensch und Umwelt. Außerdem tauschst Du als Unternehmer nicht länger Geld gegen Arbeit bzw. Lebenszeit. Als Angestellter bzw. Selbstständiger kannst Du maximal 16 bis 18 Stunden am Tag für Geld arbeiten. Das heißt, Dein Verdienst bleibt auf Deine quantitative Arbeitsleistung beschränkt. Du kannst Deinen Lohn entweder durch Beförderungen und Gehaltserhöhungen (als Selbstständiger durch Erhöhungen Deines Stundensatzes) verbessern, oder durch das Aufstocken Deiner Arbeitszeit.

Für den Unternehmer (oder Investor) stellt sich diese Situation anders dar. Er investiert ebenfalls Zeit und/oder Kapital. Allerdings mit dem Hintergrund, diese Investition später mehrfach zurückgezahlt zu bekommen. Einmal mehr wird klar, weshalb die beiden Aspekte des passiven Einkommens, Skalierbarkeit und Automatisierbarkeit, so wichtig sind. Allen erfolgreichen Unternehmen der Welt gelingt es, diese beiden Eigenschaften ideal für sich zu nutzen.

Bevor Du weiterliest, muss ich aber betonen, dass Entrepreneurship und Unternehmertum nicht für Jeden etwas ist. In der Regel bedeutet Unternehmertum (ja bereits Selbstständigkeit), vor allem zu Beginn, deutlich mehr Arbeit. Ja, auch ich arbeite noch immer selbst und ständig! Dazu musst Du bereit sein. Auf der anderen Seite war die Zeit nie besser, den eigenen Weg zu finden, zu gründen und auf die Seite der

Unternehmer zu wechseln! Schließlich können wir uns heute nahezu alle notwendigen unternehmerischen Fähigkeiten aneignen – und das ganz ohne Studium!

Die Digitalisierung macht es unserer Welt möglich, mit immer spezifischerem Wissen und Angeboten, immer spezifischere Kundengruppen zu erreichen. Kundengruppen, die für größere Unternehmen meist kaum relevant sind (z. B. Kunden, die wie wir, stark an ökologischer und sozialer Nachhaltigkeit interessiert sind), da sie zu klein sind, für uns als kleine Unternehmer allerdings höchst lukrativ sein können. Wichtig ist vor allen Dingen, die Beziehung von Angebot und Nachfrage wirklich zu verstehen. Solange Du Produkte oder Dienstleistungen anbietest, für die in einem (spezifischen) Markt Nachfrage besteht und Du Deine Ausgaben und laufenden Kosten auf einem Minimum hältst, hast Du gute Chancen, am Ende ein sehr erfolgreicher Unternehmer zu sein!

Orientierungshilfe für Unternehmer im Sektor Nachhaltigkeit

„Ein Produkt überzeugt, wenn es für den Nutzer
eine Brücke in die Zukunft schlägt und nicht,
wenn es einen gigantischen Sprung erfordert."
~ Aaron Levie

Bevor ich meine besten Tipps und Tricks für die Gründung neben dem Studium oder dem Job mit Dir teile, möchte ich, dass Du Dir Deinen Zielen und Deiner Präferenzen durch Beantwortung der nachfolgenden Fragen bewusst wirst. Sie sind Deine Orientierungshilfe!

Deine Ziele
- Was würdest Du tun, wenn Geld keine Rolle spielen würde?
- Was möchtest Du erreichen?
- Wie viel kostet das? Brauchst Du dafür Geld? Wie viel?
- Was bist Du bereit, dafür zu tun?

Deine Ausgangssituation
- Welche Geldquellen besitzt Du?
- Willst Du an aktivem oder passivem Einkommen arbeiten?
- Bist Du der Typ Unternehmer, Selbstständiger oder Angestellter?
- Bist Du glücklich mit dem, was Du tust? Willst Du es sein?

Tipps für Deine nachhaltige Unternehmensidee
- Was wäre Dein Traumjob? Ist er erreichbar? Nein? Was sind pragmatische Alternativen?
- Was hat Dich als Kind besonders interessiert?
- Was kannst Du besser als die meisten anderen (Stärken/Talente)?
- Wozu wirst Du von anderen häufig befragt?
- Wie lässt sich aufgrund dieser Präferenzen ökologisch und sozial zusätzliches Geld verdienen?

6 geniale Tricks für künftige „Ökoethpreneure"

„A business that makes nothing but money
is a poor business."
~ Henry Ford

Du wirst mir zustimmen, wenn ich sage, dass die Reise ins Unternehmertum ganz besonders toll ist, wenn man sie mit etwas antritt, das man gerne tut und das Mensch und Umwelt weiterhilft. Diese neue Form der Selbstständigkeit bzw. des Unternehmertums bezeichnet ich in Anlehnung an *„Ökoethinvesting"* als *„Ökoethentrepreneurship"*. Da auch ich lange diesem Traum hinterhergelaufen bin und weiß, wie schwer es sein kann, ihn zu realisieren, möchte ich Dir 6 tolle Tipps und Tricks für Dich und Dein künftiges Business mit auf den Weg geben. Sie sollen inspirieren, zum Nachdenken anregen und Dich letzten Endes zu einer Entscheidung „zwingen" – Gründen oder bleiben lassen!

1 Kreiere Deine eigene Nische

Die meisten Menschen, die sich selbstständig machen möchten haben das große Problem, nicht zu wissen, was sie wirklich wollen. *„Ja, ich würde mich ja schon gerne selbstständig machen, aber ich weiß einfach nicht womit!"* Sie häufen Ideen über Ideen, aber so richtig begeistern können sie sich für keine. Oder sie sehen sich dauernd Zweifeln gegenüber und leiden an Ideenmangel. Dabei gibt es einen genialen Ansatz, mit dem Du in sekundenschnelle markttaugliche, lukrative Ideen am Fließband produzieren kannst.

Kreiere Deine eigene Nische!

Geht es Dir nicht auch so. Du gehst in den Supermarkt, bist beim Friseur oder nutzt eine App und plötzlich fällt Dir auf, wie es eigentlich viel besser und nachhaltiger gehen würde. Gratulation! Du hast gerade eine neue Nische entdeckt! Aus meiner Sicht sind die Geschäftsideen am besten, die jemand ins Leben gerufen hat, weil er selbst das entsprechende Produkt oder die Dienstleistung auf dem Markt nicht finden konnte. Es gibt kaum einen praktikableren und relevanteren Ansatz. Schließlich kannst Du davon ausgehen, dass es sehr viele andere Menschen gibt, die ebenfalls – häufig sogar sehr verzweifelt – nach einer ähnlichen Lösung für ihr Problem suchen. Einige Kontrollfragen:

* Welches Produkt oder welche Dienstleistung vermisst Du im Nachhaltigkeitssektor?
* Wofür würdest Du Geld ausgeben, wenn es das Produkt gäbe?
* Was findest Du gut, aber stark verbesserungswürdig?

Suche mit Zettel und Stift nach Antworten auf diese Fragen. Dadurch findest Du nicht nur geniale Geschäftsideen, sondern erzeugst zugleich ein wertvolles Unterscheidungskriterium: Konkurrenzlosigkeit. Für uns hieß die Antwort beispielsweise: *„Bücher, die wirklich praktikabel, theoretisch fundiert sind und nachhaltige, praktische Wege aufzeigen, finanzielle Freiheit zu erreichen."* Etwas, das ich spätestens während meines Studiums verzweifelt gesucht habe, aber nicht fand, und mich deshalb dazu entschied, sie selbst zu schreiben.

In meinen Augen kann jeder Unternehmer werden!

Erfolgreiche Unternehmer haben verstanden, dass das Geld bezahlt, wofür im Markt ein Bedürfnis besteht. Das ist der Aspekt, der am stärksten über den Unternehmenserfolg entscheidet! Und hier haben wir im Sektor Nachhaltigkeit mit seinen Megatrends enorme Chancen. Gehe also gerne zurück und wirf einen Blick auf die verschiedenen Megatrends und Märkte.

2 Drei fundamentale Kriterien für Dein Business

Selbstverständlich gilt es bei der Gründung eines Unternehmens viele Aspekte zu beachten, aber einige wiegen schlicht stärker und haben einen größeren direkten Einfluss, als andere. Drei ganz besonders wichtige Aspekte der Gründung eines kleinen Business möchte ich Dir vorstellen.

1. Besteht Nachfrage?

Dein Produkt oder Deine Dienstleistung können noch so genial sein, wenn sie Dir später niemand abkauft, bzw. niemand bereit ist, dafür Geld auszugeben, wirst Du kaum Erfolg haben. Bevor Du also überhastet ein Geschäft gründest, solltest Du zunächst immer erst die Nachfrage im entsprechenden Markt kennenlernen und analysieren. Je schärfer Du hierfür die entsprechende Zielgruppe abzugrenzen in der Lage bist, die später zu Deinen Konsumenten zählen wird, umso wertvoller ist diese Analyse!

2. Welches Problem löst Du?

Darüber hinaus muss Dein Produkt oder Deine Dienstleistung ein Problem lösen. Nur dann erzeugt es für den Interessenten auch wirklich Mehrwert. Je größer und allgegenwärtiger das Problem ist, das Du mit Deinem Produkt bzw. Deiner Dienstleistung zu lösen vermagst, umso größer der Mehrwert für die Konsumenten und umso Erfolg versprechender und profitabler Deine Geschäftsidee.

3. Kannst Du es vielleicht einfach nur anders oder besser machen?

Ich habe bereits im ersten Punkt angesprochen, dass eine eigene Nische ein wertvolles Unterscheidungskriterium ist. Schließlich bist Du zunächst einmal konkurrenzlos. Wenn es Dir darüber hinaus gelingt, mit der Lösung, die Dein Business anbietet, eine Marke zu verbinden, hast Du schon fast gewonnen!

Fehlender Markenaufbau ist einer der häufigsten Gründe, weshalb gerade jüngere Gründer und Unternehmer scheitern. Sie legen kaum Wert darauf. Das ist auf der einen Seite verständlich, weil man vermeintlich bessere Dinge zu tun hat, auf der anderen Seite aber gerade auf mittlere und längere Sicht absolut katastrophal. Ein Fehler hier kann nur schwer, häufig kaum, mehr behoben werden. Arbeite also von Anfang an am Markenaufbau und daran, wenigstens 1.000 wahre Fans für Deine Lösung zu gewinnen. Wahre Fans sind Deine Markenfürsprecher, helfen Dir bei Schwierigkeiten und sind gewillt – da sie kaum preissensitiv sind – wirklich alles von Dir zu konsumieren.

Tipp: Schreibe in 3 Sätzen, was Dein Geschäft ganz genau tut und was es einzigartig macht. Je schärfer die Beschreibung, umso einfacher die Gründung und der Verkauf!

 # 3 Höre nicht, was andere sagen!
Zweifler sind Gift für die eigene Selbstständigkeit. Das konnten auch wir immer wieder während unseres Weges beobachten. Außer uns hat so ziemlich niemand an unsere Vision geglaubt. Und heute, einige Jahre später, sind es dieselben Personen, die uns um Rat fragen und sogar Unternehmen mit uns gründen wollen! *Das Einzige, was wirklich zählt, ist, dass Du nicht an Dir bzw. Deiner Idee zweifelst!*

Wir waren uns immer sicher, dass wir mit unserer Idee, unserem Konzept und unseren Produkten nicht nur Mehrwert schaffen würden, sondern auf mittlere bis lange Sicht damit eben auch finanziell große Erfolge einfahren würden. Dies war weniger einer rationalen Überlegung geschuldet, als vielmehr einer unerschütterlichen, emotional-positiven Grundhaltung. Glaube an Dich und Du kannst alles schaffen!

 # 4 Billig verliert!
Viele Gründer zielen mit ihren Ideen gleich auf den ganz großen Wurf ab. Nicht selten versuchen sie, mit günstigen Produkten oder Dienstleistungen zu gewinnen. Damit macht man sich das Leben aber gerade am Anfang besonders schwer!

Sei die teure Option im Markt!

Was heißt das? Je teurer Du Dein Produkt oder Deine Dienstleistung zu verkaufen bereit bist, umso weniger Käufer benötigst Du, um Gewinne zu erzielen. Schließlich operierst Du mit deutlich höheren Margen (Gewinn / Verkauf). Das heißt, dass Du mit einer Marge von 100€ pro Produkt oder Dienstleistung schon mit einem Verkauf pro Tag einen monatlichen Überschuss von 3.000€ erzielst. Kostet Dein Produkt oder Deine Dienstleistung 1€, müssen es 3.000 Verkäufe sein!

Was glaubst Du, ist einfacher?

Es ist deutlich einfacher, wenige Produkte teuer zu verkaufen, als viele Produkte günstig. Schließlich bewegst Du Dich mit teureren Produkten/Dienstleistungen in einem weniger stark mit Konkurrenz besetzten Feld. Schließe also den Fragen des ersten Kapitels die Frage an: Welche dieser Ideen kann ich besonders teuer und einer besonders hohen Marge verkaufen?

 # 5 Weniger ist mehr!
Ein Problem, mit dem auch wir lange zu kämpfen hatten, ist, zu viel auf einmal machen zu wollen. Gerade zu Beginn herrscht große Unsicherheit in Bezug auf den Erfolg des Geschäftsmodells. Daher entschließt man sich rasch, gleich mehrere Dinge parallel anzugehen. Mit dieser Strategie wirst Du allerdings auf lange Sicht verlieren. Robert Kiyosaki hat für dieses Problem einen hervorragenden Ansatz gefunden, den er mit FOCUS abkürzt. FOCUS steht für *„Follow one course still you are successful."* Es gilt bei der Gründung eines Business zunächst, sich auf ein Geschäftsfeld zu konzentrieren, und später innerhalb dieses Geschäftsfeldes, über verschiedene Themen und Bereiche, zu diversifizieren. Konzentriere Dich dabei auf das, was Du bzw. Dein Unternehmen ganz besonders gut können! Diese Stärke gilt es gegenüber dem Rest auszuspielen, auszunutzen und konsequent auszubauen. Diese Strategie ist letzten Endes nicht nur langfristiger, sondern verspricht auch deutlich höhere Gewinne.

Bevor Du neue Dinge oder weitere Personen hinzunimmst, solltest Du Dich immer erst fragen, was Du eigentlich reduzieren oder gar eliminieren kannst. Das wird Deine Prozesse und Lösungen nicht nur effizienter machen, sondern auch qualitativ erheblich verbessern!

6 Der verflixte erste Schritt

Nun bist Du happy und motiviert und sagst Dir vielleicht „genial, jetzt kann ich anfangen!" Auch in diesem Stadium waren wir schon häufig, aber tatsächlich den ersten Schritt zu tun, ist nochmal was ganz anderes. Der wichtigste Tipp überhaupt ist daher maximal trivial und dennoch mit Abstand am schwierigsten zu realisieren.

Anfangen und Erfahrung sammeln!

Die Erfahrung ist das einzige im Leben, das man nicht lernen kann und je früher Du damit beginnst, umso steiler wird Deine Lernkurve sein! Uns hat geholfen, wenigstens 5 Minuten täglich in unser Business zu investieren – komme was wolle! Nur so kannst Du wichtiges Momentum, Fortschritt und Selbstvertrauen aufbauen. Außerdem muss ein Business, gerade wenn es im Onlinebereich ist, nicht teuer sein. Du kannst schon mit wenigen Euro im Monat durchstarten und organisch wachsen. Wenn Du dabei Hilfestellung brauchst, kannst Du Dich jederzeit an mich wenden!

Ökoethinvesting reicht nicht

„Wer seinen Wohlstand vermehren möchte,
der sollte sich an den Bienen ein Beispiel nehmen.
Sie sammeln den Honig, ohne die Blumen zu zerstören.
Sie sind sogar nützlich für die Blumen."
~ Siddhartha Gautama Buddha

Nachdem ich mich nun schon über ein Jahrzehnt intensiv mit dem Wirtschafts- und Geldsystem auseinandersetze, habe ich verstanden, dass die Welt auf ökonomischen Füßen steht. Nahezu alle Entscheidungen werden von ihren wirtschaftlichen Auswirkungen abhängig gemacht. Wir sind derart abhängig geworden von der Wirtschaft, dass Krisen an den Finanzmärkten, die mit der Realwirtschaft vermeintlich gar nichts zu tun haben sollten, diese in tiefe Krisen stürzen kann. Die Leidtragenden sind zumeist kleine Anleger, Arbeitnehmer von Aktiengesellschaften und ganz besonders die ärmere Schicht der Bevölkerung in den sogenannten „Entwicklungs- und Schwellenländern".

In meinen Augen ist auch in Zukunft mit Krisen am Finanzmarkt zu rechnen. Schließlich gewinnt der aggressive angelsächsische Kapitalismus sukzessiv die Oberhand über die ursprünglich lobenswerte Idee einer sozialen Marktwirtschaft. Der Hintergrund ist einfach erklärt. *Unser gesamtes Wirtschaftssystem ist auf Gewinnmaximierung ausgelegt.* Das heißt, dass es das erste und oberste Ziel von Unternehmen ist (und im Rahmen unseres herrschenden Systems auch sein muss), den finanziellen Gewinn zu maximieren. Das gilt auch für nachhaltige Unternehmen! Sie versuchen allerdings, neben dem finanziellen- auch den ideellen Gewinn zu maximieren.

Nichtsdestotrotz muss uns klar sein, dass Rendite fast immer mit Ressourcenverwendung und damit einem gewissen Grad an Ausbeutung von Natur (und Menschen) zu tun hat. Ausbeutung, die gerade uns in den westlichen Industriestaaten paradoxerweise Wohlstand beschert. Es stellt sich jedoch die Frage, ob wie Mensch und Natur für unser Handeln und Konsumstreben ausreichend bezahlten. Schließlich ist die Natur keine Einbahnstraße, von der man unentwegt nehmen kann, ohne jemals etwas zurückzugeben.

Ghandi sagte einmal: „Sei Du selbst die Veränderung, die Du Dir wünschst für die Welt." Ich lerne von Jahr zu Jahr und Erfahrung zu Erfahrung immer mehr, was diese Worte wirklich bedeuten – und ich komme zu dem Schluss, er hat absolut Recht! Wir müssen erst uns selbst ändern, bevor sich auch unsere Umwelt ändern kann. Eigenverantwortung ist einmal mehr das zentrale Stichwort.

Je stärker Handeln von einem nachhaltigen Hintergrund geprägt wird, umso spürbarer sind die Auswirkungen auf die Menschen in unserem mittelbaren und unmittelbaren Umfeld. Das habe ich immer wieder beobachtet und selbst erlebt. Deshalb ist es in meinen Augen nicht ausreichend, ökologisch und sozial zu investiern, aber sonst alle anderen Lebensbereiche unberührt zu lassen. Die wichtigsten Fragen in diesem Zusammenhang sind für mich:

- Wie gehe ich mit mit meinen Mitmenschen um?
- Wie ist es um mein Konsumverhalten bestellt?
- Lebe ich minimalistisch oder maximalistisch?
- Wie verdiene ich nun mein Geld?
- Wie gehe ich mit der Natur um?
- Spende ich regelmäßig?
- Helfe ich freiwillig?

Ich habe ein ganzes Buch über das Paradoxon gefüllt, dass man umso mehr zurückerhält, je mehr man zu geben in der Lage ist. Das gilt natürlich auch an dieser Stelle. Wir müssen uns alle an unsere eigene Nase packen, wollen wir die Welt verändern! Investiere Dein Geld also nicht nur ökologisch-nachhaltig und ethisch-sozial, sondern benutze es auch im Alltag möglichst nachhaltig. Ich weiß selbst, wie schwer das ist, gerade mit steigendem Einkommen. Schließlich orientieren sich unsere Ausgaben immer an unseren Einnahmen (Engel-Kurve). Je mehr wir verdienen, umso mehr konsumieren wir. Das heißt aber noch lange nicht, dass wir auch mehr brauchen. Ganz im Gegenteil! Wir könnten unseren Konsum gezielt nur auf ganz wenige Dinge beschränken. Auf das, was wirklich wertvoll für uns ist. Statt mehr zu brauchen, kann man auch einfach zielgerichteter konsumieren und damit trotzdem alles haben. Darüber hinaus weiß man diese wenigen Dinge, die tatsächlich einen Zweck erfüllen, sehr viel mehr zu schätzen.

Ökoethinvesting könnte ja auch ein Teil eines ökologisch-nachhaltig und ethisch-sozial orientierten Lebensstils sein? Und zwar nicht naiv vor unserem kapitalistischen System flüchtend und wegsehend, sondern pragmatisch und vorausschauend. Damit vereinen wir das beste aus zwei Welten, die auf den ersten Blick konträr zu laufen scheinen.

Ich Dir allen erdenklichen Erfolg dabei, *Ökoethinvesting* in Deine finanzielle Zukunft zu integrieren. Bei Fragen, Anregungen oder Hinweisen kannst Du Dich jederzeit an mich *(chris@indie-bücher.de)* wenden. Ich freue mich über jeden Kontakt. Damit Du Dich auch mit anderen Lesern austauschen kannst, habe ich die Facebook-Gruppe „Ökoethinvesting – Community für ökologische und ethisch-soziale Investoren" ins Leben gerufen. Sie soll dazu dienen, Strategien, Tipps und Tricks miteinander auszutauschen und sich gegenseitig zu unterstützen.

Sollte Dir dieses Buch gefallen haben, freue ich mich natürlich auch sehr darüber, wenn Du es in Deinem Umfeld weiterempfiehlst. Je mehr Menschen von *Ökoethinvesting* erfahren es letztlich auch praktizieren, umso größer die Chance, dass es Mensch und Natur wirklich nachhaltig verändert und voranbringt.

Mit den besten Wünschen

Christopher Klein

Konntest Du etwas lernen?

Jetzt kommen wir zu dem Teil des Buches, in dem ich Dich um einen kleinen Gefallen bitte. Solltest Du es nicht bereits wissen, Rezensionen sind ein extrem wichtiger Bestandteil von Produkten. Kunden verlassen sich auf Deine Rezensionen, wenn sie Kaufentscheidungen treffen. Deine Rezensionen helfen meinen Büchern innerhalb eines schon fast überfüllten Amazon-Marktplatzes, sichtbarer zu werden.

Gerade das Thema ökologische und soziale Nachhaltigkeit ist ohnehin hoffnungslos unterrepräsentiert!

Solltest Du Gefallen an diesem Buch gefunden und für hilfreich empfinden, wäre ich Dir für eine entsprechende Bewertung auf Amazon sehr dankbar. Das muss kein Roman sein. Einige kurze Sätze reichen bereits. Wichtig ist mir einfach nur, dass Du ehrlich bist.

Das dauert übrigens keine 2 Minuten, hilft mir aber wirklich!

Sagen Sie Ihre Meinung zu diesem Artikel

> **Kundenrezension verfassen** ›

Ich lese jede Bewertung persönlich und nach wie vor auch jedes Feedback, das ich per E-Mail erhalte (*chris@indie-bücher.de*). Das hilft mir schließlich dabei, meine Bücher stetig zu verbessern.

Vielen herzlichen Dank nochmal für Deine Geduld und Unterstützung
Christopher

Über den Autor

Christopher Klein wurde 1987 in Landau an der Isar in Bayern geboren. Während seines Studiums der Volks- und Betriebswirtschaftslehre verfasste er, im Alter von 26 Jahren, seine ersten beiden Bestseller *„Tag auf Tag im Hamsterrad"* sowie *„Der Hamster verlässt das Rad"*. Sein Buch *„Geld sparen und clever reich werden"* aus dem Jahre 2016 erreichte ebenfalls Bestsellerstatus. 2017 veröffentlichte er dann die bisher erfolgreichsten Titel *„Nine-to-five muss nicht sein!"* und *„Die Faulbär-Strategie zur Million"*.

Der Autor, immer offen für Feedback und Rückfragen, kann über die E-Mail-Adresse *chris@indie-bücher.de* erreicht werden.

Die Bücher von Christopher Klein sind erhältlich auf:
https://www.amazon.de/-/e/B00LPWD4VY

Nicht vergessen, den „Folgen"-Button zu drücken! Dann erfährst Du als erste(r) über Neuerscheinungen von Christopher Klein, die in der ersten Woche immer zum Sonderpreis erhältlich sind.

Quellen und weiterführende Literatur

- Marktbericht nachhaltige Geldanlagen 2017 des FNG
- YouTube-Kanal „nachhaltig investieren" unter:
  https://www.youtube.com/watch?v=ouBteCTkiIc
- Vortrag mit Carlo M. Funk von iShares (BlackRock) zu nachhaltigen Investments zu sehen auf YouTube unter:
  https://www.youtube.com/watch?v=G86goffh8xo&t=197s
- Zürcher Kantonalbank (Nachhaltigkeitsrating für Staaten 2017)
- Oekom Research AG, Corporate und Country Rating Report
- Oekom Research AG, Kriterien des Positiv-Screening auf Unternehmensebene
- Natur Aktien Index:
  => http://www.nai-index.de/seiten/kriterien_kurz.html

- Nachhaltiges Investieren von Wolfgang Pinner
- Nachhaltig Investieren von Markus Ringer
- Ethisch Geld anlegen von Thomas Kohrs
- Die Geldverbesserer von Martin Gerth
- Gewinn mit Sinn von Mechhild Upgang
- Geld und Nachhaltigkeit von Bernard Lietaerr
- Der Go-Giver von Bob Burgh
- Und jetzt retten wir die Welt: Wie du die Veränderung wirst, die du dir wünschst von Marek Rohde und Ilona Koglin
- Öko-Invest (Börsendienst und Online-Zeitschrift)
  => www.oeko-invest.de
- Öko-Text (Zeitschrift) => www.oekotest.de
- EcoReporter (Online-Zeitschrift) => www.ecoreporter.de
- Bankspiegel (Zeitschrift der GLS-Bank) => www.gls.de

Printed in Poland
by Amazon Fulfillment
Poland Sp. z o.o., Wrocław